FŐZÉS ERJESZTETTSÉGEKKEL, SAVANYÚSÁGOKKAL ÉS TARTÓSÍTÁSOKKAL

Használja ki a fermentumok, savanyúságok és befőttek lehetőségét 100 felejthetetlen étkezéshez

Léna Varga

Copyright Anyag ©2023

Minden jog fenntartva

ennek a könyvnek egyetlen része sem használható fel vagy továbbítható semmilyen formában vagy módon, kivéve az ismertetőben használt rövid idézeteket . Ez a könyv nem helyettesítheti az orvosi, jogi vagy egyéb szakmai tanácsokat.

TARTALOMJEGYZÉK

TARTALOMJEGYZÉK 3
BEVEZETÉS 6
ERJESZTŐK 7
   1. Grillezett zöldséges burgertálak 8
   2. Szalonna és Kimchi Paella csirkével 10
   3. Savanyú káposzta és kolbászkrokett 13
   4. Probiotikus snackszeletek 16
   5. Koreai szegy és Kimchi Burger 19
   6. Kimchi sült rizs spammel 22
   7. Koreai marhahús és Kimchi grillezett sajt 24
   8. Probiotikus burgonyasaláta 26
   9. Kimchi krumpli 28
  10. Teljes kiőrlésű probiotikus palacsinta 30
  11. Probiotikus tavaszi zöldek shakshuka 32
  12. Probiotikumokkal töltött turmixtál 35
  13. Probiotikus étcsokoládé turmix 37
  14. Görög Tzatziki Dip 39
  15. Probiotikus muffin 41
  16. Probiotikus répa csokoládé szelet 44
  17. Ukrán reggeli hasis 46
  18. Chilis és diós tekercs 48
  19. Probiotikus káposztasaláta 50
  20. Fermentált uborkasaláta 52
  21. Probiotikus sajttorta falatok 54
TARTÓSÍTÓK 56
  22. Cseresznye sörszósz 57
  23. Karamell alma krémfelfújások 59
  24. Málnás krémsajtos Cruffins 62
  25. Sütés nélküli málnás citromszeletek 64
  26. Sütés nélküli kajszibarack sifon sajttorta 66
  27. Cherry Boule-de-Neige 68
  28. Mogyoróvajas és zselés banán kenyér 71
  29. Kókuszos sárgabarack csíkok 74
  30. Málnás és krémsajtos croissant 76
  31. Áfonyás és krémsajtos croissant 78
  32. Citromos jeges torta rebarbara szósszal 80
  33. Mozzarella, prosciutto és fügelekváros grillezett sajt 83
  34. Kiwi apróság 85
  35. Barack melba apróság 87
  36. Szilva Dacquoise 89
  37. Pirítós eperrel és krémsajttal 92
  38. Csirketorta, Queso Fresco és Gouda 94
  39. Mozzarella, prosciutto és fügelekváros grillezett sajt 96
  40. Carbquik Drop Danish 98

41. Őszibarackos-mézeskalács fejjel lefelé torta 100
42. Málnakrémes kávétorta 103
43. Fekete-erdő francia pirítós 105
44. Focaccia di mele 108
45. Teljes kiőrlésű lekvár négyzetek 111
46. Epres-limonádé szarvasgomba 113
47. Epres sajttorta francia pirítós 115
48. Francia pirítósrudak mandarin túróval 117
49. Sárgabarackmáz 119
50. Glazed font torta 121
51. Málnás ujjlenyomatú sütik 123
52. Szárított gyümölcsös fasírt 125
53. Mochi Ring Donut 127
54. Gateau de mousse a la nektarin 130
55. Málnahabos sajttorta 133
56. Friss fügehab 135
57. Sütés nélküli kajszibarack sifon sajttorta 138
58. No-Bake Matzoh Layer Cake 140
59. Sütés nélküli málnás citromszeletek 142
60. Sütés nélküli friss gyümölcsös pite 144
61. Sárgabarack zabpehely Linzer rúd 146
62. Mogyoróvaj és lekvár csavarja 148
63. Mogyoróvajas és zselés sütemény-borsik 150
64. PB és J szójafagylalt 152
65. Sütés nélküli friss gyümölcsös pite 155
66. Epres kézi pite 157
67. Epres felhőpite 159
68. Rózsaszín limonádé-epres szarvasgomba 161
69. Könnyű gyümölcscsapok 163
70. Mozzarella, prosciutto és fügelekvár 165
71. Csokoládé málnás örvényfagylalt 167
72. Parisienne gyümölcstorta 169
73. Mandulás torta 172
74. Mandulás-barack torták 174
75. Ricotta és málnás gofri 176

SAVANYÚSÁG **178**

76. Kapros savanyú tészta saláta 179
77. Pácban sült sült csirke 181
78. Páccal és sajttal töltött perec falatok 183
79. Savanyúság és sonka tűkerekek 185
80. All-American Burgers 187
81. Copycat az N' Out Burgerben 190
82. Cubanos 193
83. Bicky Burger 195
84. Belga tatár szósz 198
85. Sajtburger rakott 200

86. Pub Cheese Dip 202
87. Kapros savanyúság chips 204
88. Avokádó , tojás és Ezekiel Toast 206
89. Karácsonyi ördögtojás 208
90. Burgonya és ormányos saláta 210
91. Sajtburger krumpli 212
92. Grillezett sonka, sajt és ananász 214
93. Grillezett cheddar és kapros savanyúság 216
94. Lunchbox pulyka szendvics majonézzel 218
95. Vegaburger tálban 220
96. Retek és uborka sushi tekercs 222
97. Hawaii grillezett tonhal hínárral és retekkel 224
98. Menő lazacimádó saláta 227
99. Spam Crostini 229
100. Zeller saláta 231

KÖVETKEZTETÉS **233**

BEVEZETÉS

Üdvözöljük az erjesztéssel, savanyúsággal és befőttekkel való főzés magával ragadó és átalakító birodalmában, ahol a tartósítás ősi alkímiája művészeti formaként bontakozik ki saját konyhájában. Ez a szakácskönyv több, mint receptek gyűjteménye; Ez egy magával ragadó útmutató, amely a kulináris hagyományok szívébe invitálja Önt, és meghívja Önt, hogy sajátítsa el azokat a finom és bonyolult technikákat, amelyek a történelem során formálták az ízek megőrzését. Ahogy lapozgatja ezt a kulináris ódüsszeát, képzelje el, hogy belekezd egy ízletes felfedezésbe – egy olyanba, amely túlmutat a hétköznapokon és a rendkívülibe. A tartósítás művészete egy régmúlt mesterség, amely generációkon túlmutat, és e szakácskönyv vásznán belül felkérjük Önt, hogy fedezze fel titkait, felszabadítva az erjesztőkben, savanyúságokban és befőttekben rejlő lehetőségeket, hogy felemelje kulináris alkotásait.

Merüljön el velünk a tartósítási technikák szívében, ahol a hétköznapi rendkívülivé válik, a friss alapanyagok pedig metamorfózison mennek keresztül az erjesztés és pácolás átalakító erején keresztül. Minden egyes recept, amely ebbe a kulináris kalandba szőtt, egy fejezet egy történetben, amely a konyhapulton bontakozik ki, és nemcsak ételek gyűjteményét kínálja, hanem egy gyakorlati élményt is, amely elmerít a tartósítás összetett és árnyalt világában.

Tehát csatlakozzon hozzánk ezen a gasztronómiai expedíción, ahol belemélyedünk az ízek gazdag tárházába, amelyet a fermentációk, savanyúságok és befőttek az Ön asztalára hozhatnak. Legyen szó tapasztalt házi szakácsról, aki szívesen bővíti kulináris repertoárját, vagy egy kíváncsi kezdő, aki készen áll a tartósítás varázslatára, ez a szakácskönyv arra készült, hogy inspirálja, oktasson, és képessé tegye Önt arra, hogy minden ételt gazdag és árnyalt ízekkel töltsön el. amit csak a megőrzés művészete nyújthat. Engedje, hogy kibontakozzon az erjesztők, savanyúságok és befőttek világába vezető utazás – egy olyan utazás, amely nemcsak kulináris élvezeteket ígér, hanem mélyebb kapcsolatot az ősrégi hagyományokkal, amelyek meghatározták ételízlésünket. Üdvözöljük egy olyan világban, ahol minden tégely, minden erjesztés és minden tartósítási technika azt az ígéretet rejti magában, hogy kulináris csodákat hoz létre otthona szívében.

ERJESZTEK

1.Grillezett zöldséges burgertálak

ÖSSZETEVŐK:
- 2 vegán burger pogácsa
- 1 csésze vegyes zöldek

GRILLEZETT ZÖLDSÉGEK
- 1 cukkini, szeletelve
- 1 kaliforniai paprika, kockára vágva
- 1 padlizsán, szeletelve
- 1 paradicsom, félbevágva
- Spárga lándzsa

OPCIONÁLIS KIEGÉSZÍTÉSEK
- 1 teáskanál Szezámmag
- 1 evőkanál vegyes dió
- Kimcsi
- ecetes hagyma

ÖLTÖZKÖDÉS
- Vegán Tahini

UTASÍTÁS:
a) A grillt előmelegítjük magasra.
b) Grill hamburgert és zöldséget, jelölés után csökkentse a hőt.
c) Állítson össze tálakat zöldekkel, grillezett zöldségekkel, hamburgerrel és kanál öntettel a tetejére, és adjon hozzá tetszőleges kiegészítőket.

2.Bacon és Kimchi Paella csirkével

ÖSSZETEVŐK:

- 1 csésze Arborio rizs (vagy bármilyen rövid szemű rizs, amely alkalmas paellához)
- 2 csont nélküli, bőr nélküli csirkemell, falatnyi darabokra vágva
- 4-6 szelet bacon, apróra vágva
- 1 csésze kimchi, apróra vágva
- 1 hagyma, finomra vágva
- 2 gerezd fokhagyma, felaprítva
- 1 piros kaliforniai paprika, szeletelve
- 1 csésze fagyasztott borsó
- 1 teáskanál paprika
- ½ teáskanál füstölt paprika (elhagyható)
- ¼ teáskanál sáfrány szál (opcionális)
- 2 csésze csirkehúsleves
- ½ csésze fehérbor
- Só és fekete bors ízlés szerint
- 2 evőkanál olívaolaj
- Díszítésnek apróra vágott friss petrezselyem

UTASÍTÁS:

a) Először áztasd be a sáfrányszálakat 2 evőkanál meleg vízbe, és tedd félre. Ez segít felszabadítani ízét és színét.

b) Egy nagy, lapos fenekű serpenyőben vagy paella serpenyőben hevítsük fel az olívaolajat közepesen magas lángon. Hozzáadjuk az apróra vágott szalonnát, és ropogósra sütjük. Vegyük ki a bacont a serpenyőből, és tegyük félre, a szalonnazsírt hagyjuk a serpenyőben.

c) A csirkedarabokat sóval, fekete borssal és paprikával ízesítjük. Adjuk hozzá a csirkét ugyanabba a serpenyőbe, és főzzük, amíg megpirul és átsül. Vegye ki a csirkét a serpenyőből, és tegye félre.

d) Ugyanabban a serpenyőben adjuk hozzá az apróra vágott hagymát, fokhagymát és a szeletelt piros kaliforniai paprikát. Addig pároljuk, amíg a hagyma áttetszővé nem válik, és a paprika megpuhul.

e) Adja hozzá az Arborio rizst a serpenyőbe, és keverje pár percig, hogy a rizs kissé megpiruljon.

f) Felöntjük a fehérborral, és addig főzzük, amíg a rizs nagy részét fel nem szívja.

g) Adjuk hozzá az apróra vágott kimchit és a főtt szalonnát a serpenyőbe, és keverjük össze az egészet.

h) Adja hozzá a sáfrányszálakat az áztatófolyadékkal, a füstölt paprikával (ha használ) és 1 csésze csirkehúslevessel. Jól keverjük össze.
i) Továbbra is főzzük a paellát közepes lángon, szükség szerint adjunk hozzá még csirkehúslevest , és időnként keverjük meg. A rizsnek fel kell szívnia a folyadékot, és krémessé kell válnia, miközben enyhe harapás (al dente) marad. Ez körülbelül 15-20 percet vesz igénybe.
j) A főzés utolsó perceiben a fagyasztott borsót és a főtt csirkét visszatesszük a serpenyőbe. Addig keverjük, amíg a borsó át nem melegszik .
k) Kóstoljuk meg a paellát, és ízlés szerint fűszerezzük sóval és fekete borssal.
l) Ha a rizs teljesen megfőtt, és a folyadék nagyrészt felszívódik, vegye le a paellát a tűzről, és tálalás előtt hagyja néhány percig pihenni.
m) Díszítsd apróra vágott friss petrezselyemmel, és forrón tálald a bacont és a Kimchi paellát csirkével.

3.Savanyú káposzta és Kolbász Krokett

ÖSSZETEVŐK:
- ½ font sertés kolbászhús
- 2 ½ evőkanál szárított hagyma, darált
- 8 uncia savanyú káposzta, lecsepegtetve és apróra vágva
- 2 evőkanál sima száraz kenyérmorzsa
- 3 uncia krémsajt, lágyított
- 1 teáskanál köves őrölt mustár
- 1 gerezd Fokhagyma, préselve
- ¼ teáskanál fekete bors
- 2 tojás, jól felverve
- 1 csésze sima száraz kenyérmorzsa
- Étolaj (sütéshez)

UTASÍTÁS:
a) A sertéskolbászt darált hagymával egy serpenyőben teljesen megpirítjuk. A serpenyőből lecsepegtetjük a felesleges zsírt, és hozzáadjuk az apróra vágott savanyú káposztát és a 2 evőkanál zsemlemorzsát. Jól összekeverjük és félretesszük.

b) Egy külön tálban keverjük össze a lágy krémsajtot, a mustárt, a préselt fokhagymát és a fekete borsot. Alaposan keverjük össze, amíg jól össze nem áll.

c) Keverje hozzá a krémsajt keveréket a kolbász és a savanyú káposzta keverékéhez, ügyelve arra, hogy egyenletesen eloszlassa. Hűtőbe tesszük körülbelül 30 percre, hogy megszilárduljon.

d) Melegítse elő a sütőt 375 Fahrenheit-fokra (190 Celsius-fok).

e) A lehűtött keveréket kis, falatnyi krokett nagyságú golyókat formázunk belőle.

f) Mártsunk minden krokettet a felvert tojásba, ügyelve arra, hogy minden oldaluk bevonatos legyen.

g) A tojással bevont krokettet sima száraz zsemlemorzsába forgatjuk, ügyelve arra, hogy teljesen bevonatosak legyenek.

h) Egy mély serpenyőben vagy serpenyőben hevíts fel annyi étolajat, hogy közepes-magas lángon süthesd.

i) A rántott krokettet forró olajban süssük aranybarnára minden oldalukon. Papírtörlőn csepegtesse le őket, hogy eltávolítsa a felesleges olajat.

j) A megsült krokettet tepsire tesszük, és előmelegített sütőben 15-20 percig sütjük, közvetlenül tálalás előtt. Ez segít abban, hogy teljesen átsüljenek és átforrósodjanak.
k) Tálalja a finom savanyú káposzta- és kolbászkrokettet kellemes előételként vagy harapnivalóként, tökéletes bármilyen összejövetelhez vagy bulihoz. Élvezd!

4.Probiotikus snack bárok

ÖSSZETEVŐK:

- 1 csésze hengerelt zab
- ½ csésze mandulavaj (vagy bármilyen tetszőleges dió- vagy magvaj)
- ¼ csésze méz vagy juharszirup
- ¼ csésze őrölt lenmag
- ¼ csésze apróra vágott szárított gyümölcs (pl. sárgabarack, mazsola vagy áfonya)
- ¼ csésze apróra vágott dió (pl. mandula, dió vagy kesudió)
- ¼ csésze mini csokoládé chips (opcionális)
- ½ csésze probiotikus joghurt (görög joghurt vagy tejmentes alternatíva)
- 1 teáskanál vanília kivonat
- Csipet só

UTASÍTÁS:

a) Béleljünk ki egy 20 x 20 cm-es tepsit sütőpapírral úgy, hogy az oldalain hagyjunk némi túlnyúlást a könnyebb eltávolítás érdekében.
b) Száraz serpenyőben, közepes lángon pirítsuk meg a hengerelt zabot, amíg enyhén aranybarna és illatos nem lesz. Folyamatosan keverjük, nehogy megégjen. Ez körülbelül 3-4 percet vesz igénybe.
c) Egy kis serpenyőben, lassú tűzön melegítsük fel a mandulavajat és a mézet (vagy juharszirupot), amíg könnyen össze nem keverednek. Folyamatosan keverjük, hogy összeálljon.
d) Egy nagy keverőtálban keverje össze a pirított zabot, az őrölt lenmagot, az apróra vágott szárított gyümölcsöket, az apróra vágott dióféléket és a mini csokoládédarabkákat (ha használ).
e) A meleg mandulavaj és méz keveréket öntsük a száraz hozzávalókra.
f) Adjuk hozzá a probiotikus joghurtot, a vaníliakivonatot és egy csipet sót.
g) Keverje össze mindent, amíg a keverék jól keveredik és ragadós lesz.
h) Helyezze a keveréket az előkészített tepsibe.
i) Egy spatulával vagy egy kanál hátával nyomja határozottan és egyenletesen a serpenyőbe.
j) Helyezze a serpenyőt a hűtőszekrénybe, és hagyja hűlni legalább 2 órán keresztül, vagy amíg a rudak megdermednek.
k) Ha a rudak megszilárdultak, a sütőpapír túlnyúlásával emelje ki őket a tepsiből.
l) Helyezze őket egy vágódeszkára, és szeletelje fel belőlük a kívánt méretű rudakat.
m) Egyenként csomagolja be a rudakat pergamenpapírba, vagy tárolja légmentesen záródó edényben a hűtőszekrényben legfeljebb egy hétig. A hosszabb tárolás érdekében le is fagyaszthatja őket.

5.Koreai Szegy és Kimchi Burger

ÖSSZETEVŐK:

- 500 g marha szegy, darálva
- 125 g folt, héja eltávolítva, ledarálva
- ⅓ csésze (80 ml) világos szójaszósz
- Napraforgóolaj, fogmosáshoz
- 6 db újhagyma, sötétzöld része vékonyra szeletelve, halvány része félbevágva
- 2 zöld paprika, hosszában negyedelve
- 6 db briós burger zsemle, felhasítva, olajjal megkenve, fekete szezámmaggal megszórva
- Kewpie majonéz és gochujang (koreai chili paszta), tálaláshoz

A GYORS KIMCHIHEZ:

- ¼ csésze (55 g) só
- ⅓ kínai kel (wombok), szeletelve
- 4 gerezd fokhagyma, összetörve
- ¼ csésze (55 g) porcukor
- 2 evőkanál halszósz
- 1 evőkanál szárított chili pehely

UTASÍTÁS:
a) Keverje össze a darált szegyet, a darált foltot és 2 evőkanál szójaszószt. A keverékből 6 pogácsát formázunk, és elsimítjuk. Kenjük meg a pogácsákat a maradék 2 evőkanál szójaszósszal. Hűtsük le őket 30 percig.
b) Egy tálban keverje össze a sót, a szeletelt kínai kel és 2 csésze (500 ml) forró vizet. Fedjük le és tegyük félre 15 percre. Öblítsük le és csepegtessük le a káposztát. Hozzákeverjük a felszeletelt sötét újhagymát és a maradék kimchi hozzávalókat.
c) Egy chargrill serpenyőt erős lángon felhevítünk, és megkenjük olajjal. Főzzük a paprikát és a félbevágott halvány újhagymát 2-3 percig, vagy amíg megpuhulnak. Távolítsa el őket, és tegye félre.
d) Kenjük meg a grillserpenyőt még egy kevés olajjal. A pogácsákat mindkét oldalukon 2 percig sütjük. Csökkentse a hőt közepesre, és süsse további 3 percig mindkét oldalát, vagy amíg megpirulnak és átsülnek.

A BURGEREK ÖSSZEÁLLÍTÁSA:
e) A zsemlealapokat megkenjük majonézzel. A tetejükre paprika, pogácsák, chili paszta, újhagyma, kimchi és zsemlefedő kerül. Tálalja ízletes koreai szegyét és Kimchi hamburgereit!
f) Élvezze az ízek egyedülálló fúzióját ebben a burgerben!

6.Kimchi sült rizs spammel

ÖSSZETEVŐK:
- 3 evőkanál repceolaj, osztva
- ¾ csésze kockára vágott spam
- 1 csésze apróra vágott kimchi
- 2 evőkanál kimchi lé
- 1 evőkanál szójaszósz
- 1 evőkanál gochugaru (koreai pirospaprika pehely)
- 2 evőkanál sótlan vaj
- 3 és fél csésze főtt fehér rizs
- 1 evőkanál szezámolaj
- 3 tojás

VÁLASZTHATÓ:
- Apróra vágott mogyoróhagyma
- Finomra aprított nori (pörkölt hínár)
- Pirított szezámmag

UTASÍTÁS:
a) Melegítsen fel 2 evőkanál repceolajat közepesen magas lángon egy tapadásmentes serpenyőben vagy öntöttvas serpenyőben.
b) Adja hozzá a kockákra vágott Spam-et a serpenyőbe, és pirítsa addig, amíg kissé meg nem pirul, ami körülbelül 5 percig tart.
c) Adja hozzá az apróra vágott kimchit, a kimchi levet, a szójaszószt és a gochugarut a serpenyőbe. Pároljuk ezt a keveréket 5-10 percig.
d) Tegyük a sózatlan vajat a serpenyőbe, és addig keverjük, amíg fel nem olvad.
e) Öntsön 3 és fél csésze főtt rizst a serpenyőbe, és alaposan keverje össze, amíg az összes rizst be nem vonja a kimchi és a szósz.
f) Kóstoljuk meg a sült rizst a fűszerezéshez, és szükség szerint módosítsuk. Ha túl sós, adhatunk hozzá extra rizst, hogy kiegyensúlyozzuk az ízeket.
g) Adjuk hozzá a szezámolajat a sült rizshez, és jól keverjük össze.
h) Kapcsolja le a hőt, és tegye félre a rizst.
i) Egy külön tapadásmentes serpenyőben melegíts fel 1 evőkanál repceolajat közepesen magas lángon.
j) A tojásokat süssük készre, lehetőleg napos oldalukkal felfelé.
k) Tálaljuk a kimchi sült rizst tükörtojással, és ízlés szerint díszítsük apróra vágott mogyoróhagymával, felaprított norival és szezámmaggal.
l) Élvezze a finom Kimchi sült rizst spammel !

7. Koreai marhahús és Kimchi grillezett sajt

ÖSSZETEVŐK:

- 8 uncia főtt koreai stílusú marhahús (bulgogi), vékonyra szeletelve
- 4 szelet provolon sajt
- ½ csésze kimchi, lecsepegtetve és apróra vágva
- 4 szelet kenyér
- Kenéshez vaj

UTASÍTÁS:

a) Mindegyik kenyérszelet egyik oldalát kivajazzuk.
b) Helyezzen egy szelet provolone sajtot egy kenyérszelet ki nem vajazott oldalára.
c) A tetejére egy réteg főtt koreai stílusú marhahúst teszünk.
d) A marhahús tetejére terítsünk egy réteg apróra vágott kimchit.
e) Fedjük be egy másik szelet provolone sajttal és egy másik kenyérszelettel (vajazott felével felfelé).
f) Ismételje meg a maradék kenyérszeletekkel és a töltelékkel.
g) Melegíts fel egy serpenyőt közepes lángon, és helyezd rá a szendvicseket.
h) Addig főzzük, amíg a kenyér aranybarna nem lesz, a sajt pedig elolvad , félidőben megfordítjuk.
i) Levesszük a tűzről, félbevágjuk, és forrón tálaljuk.

8.Probiotikus burgonyasaláta

ÖSSZETEVŐK:

- 2 kiló vörös burgonya főzve és felkockázva
- ½ csésze natúr joghurt (élő aktív kultúrákkal)
- ¼ csésze majonéz
- 2 evőkanál almaecet
- 1 teáskanál dijoni mustár
- 2 zellerszár, apróra vágva
- ½ csésze vöröshagyma, apróra vágva
- ¼ csésze friss kapor, apróra vágva
- Só és bors ízlés szerint
- Paprika a díszítéshez (elhagyható)

UTASÍTÁS:

a) Egy nagy keverőtálban keverjük össze a megfőtt és kockára vágott vörösburgonyát, az apróra vágott zellert és az apróra vágott lilahagymát.

b) Egy külön tálban keverje össze a natúr joghurtot, a majonézt, az almaecetet, a dijoni mustárt, a sót és a borsot, hogy elkészítse a burgonyasaláta öntetet.

c) Az öntetet a burgonyás keverékre öntjük. Óvatosan átforgatjuk, hogy a burgonyát és a zöldségeket egyenletesen bevonják.

d) Fedjük le a burgonyasalátát, és tegyük hűtőbe legalább 1 órára, hogy az ízek összeérjenek.

e) Tálalás előtt díszítsük friss kaporral és egy csipetnyi paprikával.

f) Tálald probiotikus burgonyasalátádat klasszikusként és c

9.Kimchi sült krumpli

ÖSSZETEVŐK:
- 4 nagy burgonya, krumplira vágva
- 2 evőkanál növényi olaj
- 1 csésze kimchi, lecsepegtetve és apróra vágva
- ¼ csésze majonéz
- 1 evőkanál szezámolaj
- 1 evőkanál szezámmag
- 2 zöldhagyma, vékonyra szeletelve
- Só és bors ízlés szerint

UTASÍTÁS:
a) Melegítsük elő a sütőt 220 C-ra, és béleljünk ki egy tepsit sütőpapírral.
b) Egy nagy tálban dobd meg a burgonya krumplit növényi olajjal, sóval és borssal.
c) A krumplit egy rétegben terítsük a tepsire, és süssük 25-30 percig, vagy amíg ropogós nem lesz.
d) Egy kis tálban keverjük össze a majonézt és a szezámolajat.
e) A krumplit kivesszük a sütőből, és egy tálba tesszük.
f) A krumplit megkenjük apróra vágott kimchivel, meglocsoljuk a szezámmagos majonézes keverékkel, és megszórjuk szezámmaggal és szeletelt zöldhagymával.
g) Tálalja forrón, és élvezze a kimchi krumpli egyedi ízeit.

10.Teljes kiőrlésű probiotikus palacsinta

ÖSSZETEVŐK:

- 1 csésze teljes kiőrlésű liszt
- ½ csésze hengerelt zab
- 2 evőkanál őrölt lenmag
- 1 evőkanál méz vagy juharszirup
- 1 teáskanál sütőpor
- ½ teáskanál szódabikarbóna
- ¼ teáskanál só
- 1 csésze natúr joghurt (élő aktív kultúrákkal)
- ½ csésze tej (bármilyen fajtát szeretsz)
- 2 nagy tojás
- 1 teáskanál vanília kivonat
- Főzéshez vaj vagy olaj
- Friss bogyók, szeletelt banán vagy apróra vágott dió a feltéthez (opcionális)

UTASÍTÁS:

a) Egy nagy keverőtálban keverje össze a teljes kiőrlésű lisztet, a hengerelt zabot, az őrölt lenmagot, a sütőport, a szódabikarbónát és a sót.
b) Egy külön tálban keverje össze a mézet vagy juharszirupot, a natúr joghurtot, a tejet, a tojást és a vaníliakivonatot.
c) A nedves hozzávalókat a száraz hozzávalókhoz öntjük, és addig keverjük, amíg össze nem áll. Ügyeljen arra, hogy ne keverje túl ; néhány csomó rendben van.
d) A palacsintatésztát 5-10 percig pihentetjük. Ezalatt az őrölt lenmag felszív egy kis nedvességet, és elősegíti a tészta sűrűsödését.
e) Melegíts fel egy rácsot vagy tapadásmentes serpenyőt közepes lángon, és adj hozzá egy kevés vajat vagy olajat.
f) öntsön ¼ csésze adag tésztát a rácsra. Ha szükséges, a kanál hátával kör alakúra kenjük a tésztát.
g) Addig sütjük, amíg buborékok keletkeznek a felületén, majd fordítsuk meg a palacsintákat, és süssük mindkét oldalukon aranybarnára.
h) Ismételje meg a folyamatot a maradék tésztával.
i) Szolgál.

11.Probiotikus tavaszi zöldek shakshuka

ÖSSZETEVŐK:

- 2 evőkanál olívaolaj
- 1 kis hagyma, apróra vágva
- 2 gerezd fokhagyma, felaprítva
- 1 piros kaliforniai paprika, felkockázva
- 1 zöld kaliforniai paprika, kockára vágva
- 1 teáskanál őrölt kömény
- 1 teáskanál őrölt paprika
- ½ teáskanál őrölt cayenne bors
- Só és fekete bors ízlés szerint
- 1 doboz (14 uncia) zúzott paradicsom
- 4 csésze friss tavaszi zöldek (pl. spenót, kelkáposzta, mángold), apróra vágva
- 4 nagy tojás
- ½ csésze natúr joghurt (élő aktív kultúrákkal)
- Friss petrezselyem vagy koriander a díszítéshez
- Ropogós kenyér vagy pita a tálaláshoz (opcionális)

UTASÍTÁS:

a) Egy nagy serpenyőben vagy öntöttvas serpenyőben közepes lángon hevítsük fel az olívaolajat. Adjuk hozzá az apróra vágott hagymát, és pároljuk, amíg áttetsző nem lesz, körülbelül 3-4 percig.

b) Keverje hozzá a darált fokhagymát, a kockára vágott piros kaliforniai paprikát és a kockára vágott zöld kaliforniai paprikát. Főzzük további 2-3 percig, amíg a paprika meg nem puhul.

c) Adjuk hozzá az őrölt köményt, őrölt paprikát, őrölt cayenne borsot, sót és fekete borsot. Keverjük meg, hogy a zöldségeket bevonják a fűszerekkel.

d) Öntsük bele a zúzott paradicsomkonzervet, és jól keverjük össze. Hagyja a keveréket forralni körülbelül 10 percig, vagy amíg a szósz besűrűsödik.

e) Hozzákeverjük az apróra vágott friss tavaszi zöldeket. Főzzük további 2-3 percig, amíg a zöldek megpuhulnak és megpuhulnak.

f) Egy kanál segítségével készítsen négy mélyedést vagy mélyedést a szószban. Minden lyukba törjünk egy tojást.

g) Fedjük le a serpenyőt vagy a serpenyőt, és hagyjuk a tojásokat a szószban buggyanni körülbelül 5-7 percig, vagy amíg a tojásfehérje megszilárdul, de a sárgája még folyós. Állítsa be a sütési időt a tojás kívánt készenléte alapján.

h) shakshukára kanalazzuk , egyenletesen elosztva.

i) Díszítésként szórjuk meg a shakshukát friss petrezselyemmel vagy korianderrel.

j) Forrón tálaljuk ropogós kenyérrel vagy pitával az oldalára.

12.Probiotikumokkal csomagolt turmixtál

ÖSSZETEVŐK:

- 1 csésze görög joghurt (sima, cukrozatlan)
- 1 érett banán
- ½ csésze fagyasztott vegyes bogyós gyümölcs (áfonya, eper, málna)
- ½ csésze spenótlevél (friss vagy fagyasztott)
- ¼ csésze kefir (sima vagy ízesített)
- 1 evőkanál méz (elhagyható, az édesség kedvéért)
- 1 evőkanál chia mag (rost és omega-3 zsírsavak hozzáadásához)
- ½ csésze granola (a feltéthez)
- Friss bogyók, szeletelt banán és egy csepp méz (díszítéshez)

UTASÍTÁS:

a) Turmixgépben keverje össze a görög joghurtot, az érett banánt, a fagyasztott vegyes bogyókat, a spenótleveleket, a kefirt és a mézet (ha használ).
b) Addig keverjük, amíg a keverék sima és krémes nem lesz. Előfordulhat, hogy meg kell állnia és le kell kaparnia a turmixgép oldalait, hogy minden jól összeálljon .
c) A turmixolás után adjuk hozzá a chia magot a keverékhez, és rövid ideig pulzáljunk, hogy összeálljon. A chia mag besűríti a turmixot, mivel felszívja a folyadékot.
d) Öntse a turmixot két tálba.
e) Minden edény tetejére szórjon meg egy bőséges granolát, hogy ropogósabb legyen és állagosabb legyen.
f) Díszítse a turmixtálakat friss bogyós gyümölcsökkel, szeletelt banánnal és egy csepp mézzel az extra édesség érdekében.
g) A probiotikummal megtöltött turmixtálakat azonnal tálaljuk. Fogj egy kanalat, és kóstold meg a finom és tápláló jót!

13. Probiotikus étcsokoládé turmix

ÖSSZETEVŐK:

- 1 csésze natúr joghurt (élő aktív kultúrákkal)
- 1 érett banán, meghámozva
- 2 evőkanál cukrozatlan kakaópor
- 1 evőkanál méz vagy juharszirup (ízlés szerint)
- ½ teáskanál vanília kivonat
- ½ csésze cukrozatlan mandulatej (vagy tetszőleges tej)
- ¼ csésze hengerelt zab
- 1 evőkanál chia mag (opcionális, a rost és az omega-3 hozzáadásához)
- ¼ csésze étcsokoládé darabkák vagy darabkák
- Jégkockák (opcionális, a hidegebb és sűrűbb shake érdekében)

UTASÍTÁS:

a) Mérje ki a natúr joghurtot, a cukrozatlan kakaóport, a mézet vagy a juharszirupot, a vaníliakivonatot, a mandulatejet, a hengerelt zabot, a chia magot (ha használ) és az étcsokoládédarabkákat.
b) Turmixgépben adjuk hozzá a natúr joghurtot, a hámozott banánt, a cukrozatlan kakaóport, a mézet vagy juharszirupot és a vaníliakivonatot.
c) Adja hozzá a hengerelt zabot és a chia magot a turmixgépbe. Ezek az összetevők vastagabbá és rostosabbá teszik a shake-et.
d) Öntsük hozzá a cukrozatlan mandulatejet (vagy az általunk kedvelt tejet).
e) Ha hidegebb és sűrűbb turmixot szeretne, néhány jégkockát tehet a turmixgépbe.
f) Kezdje el a turmixolást alacsony fokozaton, és fokozatosan növelje a sebességet magasra. Addig keverjük, amíg a keverék sima nem lesz, és az összes összetevő jól össze nem keveredik . Ez körülbelül 1-2 percet vesz igénybe.
g) Kóstolja meg a turmixot, és állítsa be az édességet, ha szükséges, még több méz vagy juharszirup hozzáadásával. Röviden turmixoljuk össze.
h) Adja hozzá az étcsokoládédarabkákat vagy darabokat a turmixgépbe, és párszor pörgesse, hogy belekeverje őket a shake-be. Igény szerint a díszítéshez is foglalhat néhányat.
i) Öntse a probiotikus étcsokoládé reggeli turmixát egy pohárba.
j) Díszítse a turmixot kakaóporral vagy további étcsokoládé chipsekkel, ha úgy tetszik.

14. Görög Tzatziki Dip

ÖSSZETEVŐK:

- 2 csésze görög joghurt
- 1 uborka finomra reszelve és lecsepegtetve
- 2 gerezd fokhagyma, felaprítva
- 2 evőkanál friss citromlé
- 2 evőkanál extra szűz olívaolaj
- 1 evőkanál friss kapor, apróra vágva
- Só és bors ízlés szerint

UTASÍTÁS:

a) Az uborkát lereszeljük, és tiszta konyharuhába vagy rongyba helyezzük. Csavarja ki a felesleges nedvességet az uborkából.
b) Egy keverőtálban keverjük össze a görög joghurtot, a reszelt uborkát, a darált fokhagymát, a friss citromlevet, az extraszűz olívaolajat és az apróra vágott friss kaprot.
c) Addig keverjük, amíg az összes összetevő jól el nem keveredik.
d) Fűszerezze a görög Tzatziki Dip-et sóval és borssal ízlés szerint.
e) Tálalás előtt legalább egy órára hűtőbe tesszük, hogy az ízek összeérjenek.
f) Tálalja a Tzatziki Dip-et frissítő fűszerként pita kenyérrel, zöldségekkel vagy grillezett húsokkal, vagy mártogatósként kedvenc falatokhoz.

15. Probiotikus Muffin

ÖSSZETEVŐK:

- 1 ½ csésze univerzális liszt
- ½ csésze teljes kiőrlésű liszt
- 1 teáskanál sütőpor
- ½ teáskanál szódabikarbóna
- ¼ teáskanál só
- 1 csésze natúr joghurt (élő aktív kultúrákkal)
- ¼ csésze sózatlan vaj, olvasztott
- ¼ csésze méz vagy juharszirup
- 2 nagy tojás
- 1 teáskanál vanília kivonat
- 1 csésze friss vagy fagyasztott áfonya
- ½ csésze apróra vágott dió (pl. dió vagy mandula)
- Egy citrom héja (elhagyható, a további ízért)
- 1-2 evőkanál chia mag (opcionális, extra rost- és omega-3-tartalomért)

UTASÍTÁS:
a) Melegítsd elő a sütőt 175°C-ra (350°F). Egy muffinsütőt kivajazunk vagy kibélelünk papírlapokkal.
b) Egy nagy keverőtálban keverje össze az univerzális lisztet, a teljes kiőrlésű lisztet, a sütőport, a szódabikarbónát és a sót. Ha citromhéjat használunk, adjuk hozzá a száraz hozzávalókhoz, és jól keverjük össze.
c) Egy másik tálban keverje össze a joghurtot, az olvasztott vajat, a mézet vagy juharszirupot, a tojást és a vaníliakivonatot, amíg jól össze nem áll.
d) Öntsük a nedves hozzávalókat a száraz hozzávalókhoz, és óvatosan keverjük össze, amíg el nem keveredik. Ügyeljen arra, hogy ne keverje túl ; néhány csomó rendben van.
e) Óvatosan beleforgatjuk az áfonyát és az apróra vágott diót. Ha szeretné, ebben a szakaszban chia magot is hozzáadhat.
f) A muffintésztát egyenletesen kanalazzuk az előkészített muffincsészékbe, mindegyiket körülbelül ⅔-ig töltve.
g) Előmelegített sütőben 18-20 percig sütjük, vagy amíg a muffin közepébe szúrt fogpiszkáló tisztán vagy néhány nedves morzsával ki nem jön belőle.
h) Hagyja hűlni a muffinokat a muffinsütőben körülbelül 5 percig, majd tegyük át egy rácsra, hogy teljesen kihűljenek.
i) Miután a muffinok kihűltek, már fogyasztható is.
j) A maradékot légmentesen záródó edényben tárolja a hűtőszekrényben.

16.Probiotikus répa csokoládészelet

ÖSSZETEVŐK:
- 1 kis cékla, megpirítva, meghámozva és pürésítve (kb. ½ csésze)
- ¼ csésze natúr joghurt (élő aktív kultúrákkal)
- ¼ csésze kókuszolaj, olvasztott
- ¼ csésze tiszta juharszirup vagy méz
- 1 teáskanál vanília kivonat
- ¼ csésze cukrozatlan kakaópor
- ¼ csésze mandulaliszt (vagy bármilyen tetszőleges liszt)
- ¼ teáskanál szódabikarbóna
- Egy csipet só
- ¼ csésze mini csokoládé chips (opcionális, a hozzáadott textúra érdekében)

UTASÍTÁS:
a) Melegítsd elő a sütőt 200°C-ra (400°F).
b) Mossa meg és vágja le a céklát. Csomagolja be alufóliába, és süsse a sütőben körülbelül 45-60 percig, vagy amíg megpuhul.
c) A megsült céklát hagyjuk kihűlni, majd hámozzuk meg és turmixgépben vagy robotgépben pürésítsük. Mérjünk ki ½ csésze répapürét a recepthez.
d) Egy keverőtálban keverjük össze a répapürét, a natúr joghurtot, az olvasztott kókuszolajat, a juharszirupot vagy a mézet és a vaníliakivonatot. Jól összekeverni.
e) Egy másik tálban szitáljuk bele a kakaóport, a mandulalisztet, a szódabikarbónát és a csipet sót. Keverjük jól össze.
f) A száraz hozzávalókat fokozatosan hozzáadjuk a nedves hozzávalókhoz, addig keverjük, amíg sima tésztát nem kapunk.
g) Ha szereted, hajtsd bele a mini csokoládédarabkákat, hogy extra csokoládé ízt és állagot kapj.
h) Melegítsd elő a sütőt 175°C-ra (350°F). Egy 8x8 hüvelykes (20x20 cm) tepsit kivajazunk és kibélelünk sütőpapírral.
i) A répacsokoládé tésztát az előkészített tepsibe öntjük, egyenletesen elosztva.
j) Előmelegített sütőben 20-25 percig sütjük, vagy amíg a közepébe szúrt fogpiszkálóból néhány nedves morzsa ki nem jön.
k) Kb. 10 percig hagyjuk hűlni a répacsokoládét a serpenyőben, majd a sütőpapír túlnyúlásával emeljük ki. Rácsra tesszük, hogy teljesen kihűljön.
l) Ha kihűlt, vágja négyzetekre vagy szeletekre a répacsokoládét.

17.Ukrán reggeli hasis

ÖSSZETEVŐK:
- 10 Yukon arany vagy rozsda burgonya kockákra vágva
- 2 evőkanál friss bébi kapor apróra vágva
- 1 hagyma (közepes) apróra vágva
- ⅔ csésze savanyú káposzta folyadék kinyomva és apróra vágva,
- 1 db 375 grammos karikás duplafüstölt ukrán kolbász, karikára szeletelve
- 2 ½ csésze gomba szeletelve
- 1 zöldpaprika apróra vágva
- 2 evőkanál növényi olaj
- 3 evőkanál vaj
- 1 csésze száraz túró
- 2 gerezd fokhagyma zúzott d
- 1 teáskanál só
- ½ teáskanál bors
- tojás

UTASÍTÁS:
a) Vágja kockákra a burgonyát, és süsse a burgonyát mikrohullámú sütőben fedetlen tányéron kb. 15 percig, vagy amíg a villával könnyen át nem megy a burgonyadarabokon, de még mindig szilárd/tartós alakja van.
b) Közben: egy nagy serpenyőben/serpenyőben hevítsük fel az olajat közepesen magas hőmérsékletre, és pirítsuk a kubassa /kielbasát 3-4 percig, rendszeresen kevergetve és átforgatva, majd tányérra szedjük. Félretesz, mellőz.
c) Öntsünk még 1 evőkanál étolajat a serpenyőbe, majd pároljuk közepesen alacsony hőmérsékleten 5 percig zöldpaprikát, hagymát és fokhagymát. Adjuk hozzá a gombát, és főzzük további 3-4 percig. Tegyük félre egy külön tálba.
d) Adjunk hozzá vajat a serpenyőhöz, és főzzük a burgonyát rendszeresen kevergetve és átforgatva 15 percig, amíg kívül barnul, belül pedig megpuhul.
e) Ezután adjuk vissza a serpenyőbe a zöldpaprika/hagyma keveréket, valamint a kubassát , a savanyú káposztát, a száraz túrót, és főzzük keverés közben további körülbelül 10 percig.
f) Ha tojást használ: főzzön tojást ízlés szerint, és helyezze a hash tetejére.

18.Chilis és diós tekercs

ÖSSZETEVŐK:
- 2 sárgarépa, apróra vágva
- 1 evőkanál citromlé
- 5 lap nori , s hosszú csíkokra szeletelve
- 1½ csésze dió
- ½ csésze savanyú káposzta
- 5 szárított paradicsom, beáztatva
- ¼-½ friss chili
- ½ csésze oregánó, friss
- ¼ pirospaprika

UTASÍTÁS:
a) Egy konyhai robotgépben durvára törjük a diót.
b) Keverje össze a sárgarépát, a szárított paradicsomot, a chilit, az oregánót, a borsot és a citromot.
c) Egy tálba félig megtöltjük a mártogatóssal.
d) nori csíkhoz adjunk hozzá 3 evőkanál diómártást és savanyú káposztát.
e) Tekerd fel.

19.Probiotikus káposztasaláta

ÖSSZETEVŐK:
- 4 csésze reszelt káposzta (zöld és vörös)
- 1 csésze reszelt sárgarépa
- ½ csésze natúr joghurt (élő aktív kultúrákkal)
- 2 evőkanál majonéz
- 1 evőkanál almaecet
- 1 evőkanál méz
- 1 teáskanál dijoni mustár
- Só és bors ízlés szerint
- 2 evőkanál friss kapor apróra vágva (elhagyható, díszítéshez)

UTASÍTÁS:
a) Egy nagy keverőtálban keverjük össze a felaprított káposztát és a reszelt sárgarépát.
b) Egy külön tálban keverje össze a natúr joghurtot, a majonézt, az almaecetet, a mézet, a dijoni mustárt, a sót és a borsot, hogy elkészítse a káposztasaláta öntetet.
c) Az öntetet a káposztára és a sárgarépára öntjük. Keverjük össze az egészet, amíg a zöldségek jól bevonják.
d) Fedjük le a káposztasalátát, és tegyük hűtőbe legalább 30 percre, hogy az ízek összeérjenek.
e) Tálalás előtt friss kaporral díszítjük.

20.Fermentált uborkasaláta

ÖSSZETEVŐK:

- 2 nagy uborka, vékonyra szeletelve
- 1 kis vöröshagyma, vékonyra szeletelve
- ½ csésze natúr joghurt (élő aktív kultúrákkal)
- 2 evőkanál almaecet
- 1 evőkanál méz
- 1 teáskanál kaporfű
- Só és bors ízlés szerint
- Friss kapor vagy petrezselyem a díszítéshez (elhagyható)

UTASÍTÁS:

a) Egy nagy tálban keverjük össze a vékonyra szeletelt uborkát és a lilahagymát.
b) Egy külön tálban keverjük össze a natúr joghurtot, az almaecetet, a mézet, a kaporfüvet, a sót és a borsot, hogy elkészítsük az öntetet.
c) Az öntetet az uborkára és a hagymára öntjük. Óvatosan átforgatjuk, hogy egyenletesen bevonják a zöldségeket.
d) Fedjük le a tálat és tegyük hűtőbe legalább 1 órára, hogy az ízek összeérjenek. Egy éjszaka még jobb.
e) Tálalás előtt díszítsük friss kaporral vagy petrezselyemmel.
f) Tálalja erjesztett uborkasalátáját hűvös és probiotikumokban gazdag köretként vagy frissítő snackként.

21.Probiotikus sajttorta falatok

ÖSSZETEVŐK:
A KÉGRE:
- 1 csésze graham keksz morzsa
- 2 evőkanál olvasztott vaj

A TÖLTETÉSHEZ:
- 8 dkg krémsajt, lágyítva
- ½ csésze natúr joghurt (élő aktív kultúrákkal)
- ¼ csésze méz
- 1 teáskanál vanília kivonat
- 1 citrom héja (elhagyható)

UTASÍTÁS:
A KÉGRE:
a) Egy tálban keverjük össze a Graham keksz morzsát és az olvasztott vajat. Addig keverjük, amíg a morzsát egyenletesen el nem vonja a vaj.
b) Egy mini muffin formát kibélelünk papírlapokkal.
c) Nyomjon egy-egy kanál Graham kekszet keveréket minden papírbélés aljára, hogy létrehozza a kéreg a probiotikus sajttorta falatokhoz.

A TÖLTETÉSHEZ:
d) Egy keverőtálban verjük fel a megpuhult krémsajtot, amíg sima és krémes nem lesz.
e) Adjuk hozzá a natúr joghurtot, a mézet, a vaníliakivonatot és a citromhéjat (ha használjuk) a krémsajthoz. Addig keverjük, amíg az összes hozzávaló jól össze nem áll , és a töltelék sima nem lesz.
f) A sajttorta tölteléket rákanalazzuk a muffinsütőben lévő graham kekszre.
g) Fagyassza le a sajttorta falatokat legalább 2 órára, vagy amíg meg nem szilárdul.
h) Tálalja probiotikus sajttorta falatait kellemes és csípős desszertként.

TARTÓSÍTÁSOK

22.Cseresznye sörszósz

ÖSSZETEVŐK:
- 1 csésze cseresznye sör
- ½ csésze csirke- vagy marhahúsleves
- ¼ csésze cseresznye befőtt
- 2 evőkanál balzsamecet
- 1 evőkanál kukoricakeményítő (elhagyható, a sűrítéshez)
- Só és bors ízlés szerint

UTASÍTÁS:
a) Egy serpenyőben keverje össze a cseresznye sört, a húslevest, a cseresznyebefőtteket és a balzsamecetet.
b) Közepes lángon felforraljuk, és 10-15 percig főzzük.
c) Ha sűrűbb mártást szeretne, keverje össze a kukoricakeményítőt kevés vízzel, hogy szuszpenziót kapjon, és keverje hozzá a szószhoz. Addig főzzük, amíg besűrűsödik.
d) Sózzuk, borsozzuk.

23.Karamell alma krém felfújt

ÖSSZETEVŐK:
KRÉM Puffok:
- ½ csésze + 1 evőkanál víz
- ½ csésze + 1 evőkanál teljes tej
- ½ teáskanál cukor
- ½ teáskanál fleur de sel
- ½ csésze sótlan vaj
- ¾ csésze + 2 evőkanál liszt
- 4 tojás

HUNKY ALMA TARTÓSÍTÓK:
- 5 alma, meghámozva, kimagozva és felkockázva
- ½ csésze almalé vagy almabor
- 1½ evőkanál citromlé
- ½ teáskanál őrölt fahéj
- 1 csésze cukor
- ½ evőkanál vaníliarúd paszta

SÓS KARAMELLÉSZ:
- ½ csésze cukor
- 3 evőkanál sótlan vaj, kockára vágva
- ¼ csésze kemény (habtejszín) (szobahőmérsékleten)
- ¾ teáskanál fleur de sel (vagy más tengeri só)
- ½ teáskanál vaníliarúd paszta

KARAMELLES SZÜTEMÉNYKRÉM:
- ¼ csésze kukoricakeményítő
- ¼ csésze cukor
- 4 tojássárgája
- 2 csésze teljes tej
- ⅓ csésze sós karamell szósz
- 1 teáskanál vaníliarúd paszta
- 2 evőkanál sótlan vaj (kockára vágva és lágyítva)

UTASÍTÁS:
KRÉMLEVELETEKHEZ (CHOUX SZÜTEMÉNY):
a) Melegítsük elő a sütőt 400 fokra, és béleljünk ki egy tepsit sütőpapírral vagy szilikon sütőlappal.
b) Egy közepes lábasban keverje össze a vizet, tejet, cukrot, sót és vajat. Forraljuk fel a keveréket közepesen magas lángon.
c) Még mindig a tűzön adjuk hozzá a lisztet, és fakanállal keverjük addig, amíg a keverék sima és fényes nem lesz, eltávolodva az edény szélétől.

d) Tegye át a keveréket egy állványmixer edényébe, és alacsony sebességgel adja hozzá a tojásokat egyenként, ügyelve arra, hogy minden tojás teljesen belekeveredjen, mielőtt hozzáadná a következőt.
e) Az elkészített tepsire simítsuk a choux tésztát, egymástól körülbelül 2 hüvelyk távolságra lévő dombokat képezve, amelyek átmérője körülbelül 2 hüvelyk és ¾ hüvelyk magas.
f) A krémfelfújtokat előmelegített sütőben, meghatározott hőmérséklet- és időrend szerint süssük meg, majd sütés után hagyjuk kihűlni.

DARABOS ALMA TARTÓSÍTÓHOZ:
g) Keverjük össze az almát, az almalevet vagy az almabort, a citromlevet és a fahéjat egy serpenyőben, és főzzük, amíg az alma megpuhul.
h) Adjuk hozzá a cukrot és a vaníliarúd masszát, és főzzük tovább, amíg az alma sűrű, darabos állagot nem kap.
i) Hagyja kihűlni a befőtteket, mielőtt felfújná őket.

SÓS KARAMELLÉSZÉSZHEZ:
j) Olvasszuk fel a cukrot egy serpenyőben közepesen magas lángon, amíg mély borostyánsárga színű lesz.
k) Óvatosan hozzáadjuk a vajat és habverővel, majd hozzáadjuk a tejszínt, a sót és a vaníliarúd pépet.
l) Tegye át a karamellszószt egy tálba vagy üvegbe hűlni.

A KARAMELLÁS SZÜTEMÉNYKRÉMHEZ:
m) Egy hőálló tálban keverjük össze a kukoricakeményítőt, a cukrot és a tojássárgáját.
n) A tejet és a sós karamellmártást egy serpenyőben forrásig melegítjük, majd a forró keverék egy részét lassan a tojásos keverékhez öntjük, hogy a tojásokat temperálja.
o) A temperált tojáskeveréket visszaöntjük a serpenyőbe, és addig főzzük, amíg besűrűsödik, majd hozzáadjuk a vaníliarúd pépet és a vajat.
p) Használat előtt a tésztakrémet teljesen lehűtjük.

ÖSSZESZERELÉSRE:
q) A kihűlt krémfelfújásokat kettévágjuk, az aljukat megtöltjük cukrászkrémmel.
r) A péksüteménykrémet almakonzervekkel töltjük fel.
s) A befőttekre helyezzük a tejszínes felfújt tetejét, és meglocsoljuk sós karamell szósszal.

24.Málnás krémsajtos Cruffins

ÖSSZETEVŐK:
- 3 (8 uncia) cső félhold tekercs tészta
- 1 csésze (8 uncia) krémsajt, teljesen megpuhult
- ½ csésze málna befőtt
- 1 csésze porcukor
- 2 evőkanál tej

UTASÍTÁS:
a) Melegítse elő a sütőt 350 °F-ra.
b) Kenje ki enyhén egy 12 csésze muffin tepsit tapadásmentes főzőpermettel. Félretesz, mellőz.
c) Nyújtsd ki a félholdhenger tészta minden lapját, amíg 3 nagyobb téglalapod lesz, amelyek valamivel nagyobbak, mint amit elkezdtél, és a perforált vonalak össze nem kerednek.
d) Minden lapra kenjünk egy vékony réteg krémsajtot.
e) Ezután vékony rétegben terítsünk málnakonzervet.
f) A téglalap hosszabbik végétől kiindulva tekerjük fel a tésztát hasábra.
g) Vágja ketté a tésztát, így rövidebb hasábokat kap.
h) Ezután vágja ketté ezeket a rönköket hosszában.
i) Ismételje meg a másik két lappal. Ha elkészült, legyen 12 darab.
j) Vegyünk minden darabot, és tekerjük körbe az ujjunkkal, hogy muffint formáljunk úgy, hogy a réteges oldala kifelé nézzen.
k) Helyezzen minden felcsavart darabot a kivajazott muffinformába.
l) Kb. 18-20 percig sütjük, a sütési idő felénél megforgatjuk a serpenyőt.
m) Közben a máz elkészítéséhez keverjük össze a porcukrot és a tejet egy kis keverőedényben, és keverjük simára és csöpögős állagúra.
n) Vegyük ki a krumplit a sütőből, és azonnal vegyük ki a serpenyőből egy peremes tepsire állított hűtőrácsra.
o) cruffint bőségesen meglocsolunk a mázzal. Melegen vagy szobahőmérsékleten tálaljuk.

25.Sütés nélküli málnás citromszeletek

ÖSSZETEVŐK:
- 2 csésze graham keksz morzsa
- ½ csésze olvasztott vaj
- 16 uncia krémsajt, lágyítva
- 1 csésze porcukor
- 2 citrom héja
- 1 csésze málna befőtt
- Friss málna díszítéshez

UTASÍTÁS:
a) Egy keverőtálban keverjük össze a graham keksz morzsát és az olvasztott vajat. Addig keverjük, amíg a morzsákat bevonják.
b) Egy téglalap alakú tepsi aljába nyomkodjuk a morzsás keveréket, hogy elkészítsük a héjat.
c) Egy külön tálban a krémsajtot, a porcukrot és a citromhéjat keverjük simára és krémesre.
d) A krémsajtos keveréket a tepsi héjára kenjük.
e) Cseppentsünk kanálnyi málnakonzervet a krémsajtos rétegre , és késsel óvatosan forgassuk össze.
f) Hűtőbe tesszük legalább 4 órára, vagy amíg meg nem áll.
g) Tálalás előtt friss málnával díszítjük.

26.Sütés nélküli barackos sifon sajttorta

ÖSSZETEVŐK:
- 2 csésze graham keksz morzsa
- ½ csésze sózatlan vaj, olvasztott
- 1 (8 uncia) csomag krémsajt, lágyítva
- ½ csésze porcukor
- 1 teáskanál vanília kivonat
- 1 csésze kemény tejszín, felvert
- 1 csésze sárgabarack befőtt
- 1 evőkanál zselatint
- ¼ csésze víz

UTASÍTÁS:
a) Kövesse az előző recept 1-6. lépéseit a Graham kekszet héjának és a krémsajtos töltelék elkészítéséhez.
b) Egy kis, mikrohullámú sütőben használható tálban szórjuk rá a zselatint a vízre, és hagyjuk állni 5 percig, hogy megpuhuljon.
c) Mikrohullámú sütőben sütjük a zselatin keveréket körülbelül 20 másodpercig, vagy amíg a zselatin teljesen fel nem oldódik. Hagyjuk kicsit kihűlni.
d) Egy külön tálban verjük fel a kemény tejszínt, amíg lágy csúcsok nem lesznek.
e) A tejszínhabot óvatosan a krémsajtos keverékhez keverjük.
f) A kihűlt zselatines keveréket fokozatosan a krémsajtos keverékhez öntjük, miközben folyamatosan hajtogatjuk.
g) A barack befőttet terítse el a graham keksz héjára.
h) A krémsajtos keveréket a befőttekre öntjük, egyenletesen elosztva.
i) Fedjük le a serpenyőt műanyag fóliával, és tegyük hűtőbe legalább 4 órára vagy egy éjszakára, hogy megdermedjen.
j) Ha megsült, távolítsa el a rugós formából az oldalát, és szeletelje fel a sajttortát a tálaláshoz.

27.Cherry Boule-de-Neige

ÖSSZETEVŐK:
TORTA
- Tapadásmentes növényi olaj spray
- ⅓ csésze cseresznye befőtt
- 2 evőkanál kirsch
- 1 ½ csésze szárított fanyar cseresznye
- 1 kiló keserű csokoládé, apróra vágva
- 1 csésze (2 rúd) sótlan vaj
- 1 ¼ csésze cukor
- 1 teáskanál vanília kivonat
- 6 nagy tojás
- ⅓ csésze univerzális liszt

KIRSCH TEjszínhab
- 2 csésze hűtött tejszínhab
- ¼ csésze porcukor
- 4 teáskanál kirsch (átlátszó cseresznyepálinka)
- ¼ teáskanál mandula kivonat
- 16 kandírozott ibolya szirom

UTASÍTÁS:
TORTÁHOZ:
a) Helyezze a rácsot a sütő legalsó harmadába, és melegítse elő 350 °F-ra. Béleljen ki egy 10 csésze fémtálat fóliával, 3 hüvelyknyire az oldalain. Permetezzen fóliát tapadásmentes spray-vel. Keverje össze a befőttes burgonyát egy közepes serpenyőben közepes lángon, amíg a konzerv megolvad.

b) Adjunk hozzá szárított cseresznyét; felforral. Borító; Vegyük le a tűzről. Hagyjuk kihűlni.

c) Olvasszuk fel a csokoládét a vajjal egy nagy serpenyőben közepes-alacsony lángon, keverjük simára. Vegyük le a tűzről.

d) A cukrot és a vaníliát habosra keverjük, majd egyenként beleütjük a tojásokat. Belekeverjük a lisztet, majd a cseresznye keveréket. Tegye át a tésztát az előkészített tálba.

e) A süteményt egy tálban 30 percig sütjük. Hajtsa rá a fóliát a torta szélére, nehogy túlbarnuljon.

f) Folytassa a süteményt addig, amíg a teteje meg nem repedt és megszárad, és a közepébe helyezett teszter kijön a nedves tésztával,

ami körülbelül 55 perccel tovább tart. Hűtsük le teljesen a tortát egy tálban a rácson (a torta leeshet a közepén).
g) A torta szélét erősen nyomkodjuk, hogy egy szintbe kerüljön a torta közepével. Fedjük le és hagyjuk állni szobahőmérsékleten egy éjszakán át.

KIRSCH TEJszínHABHÁHOZ:
h) Elektromos habverővel verjük fel a tejszínt, a porcukrot, a paprikát és a mandulakivonatot egy nagy tálban, amíg a krém csúcsot nem ér.
i) A tortát tálra fordítjuk. Húzzuk le a fóliát. Tejszínhabot kanalazz egy nagy, közepes csillaghegyű cukrászzacskóba. Tejszínhab csillagokat csípünk a tortára, teljesen befedve. Csőveljen további csillagokat a torta felső lapos közepére, hogy kupolát képezzen.
j) Kandírozott ibolyával díszítjük.

28.Mogyoróvajas és zselés banán kenyér

ÖSSZETEVŐK:

- 8 evőkanál (1 rúd) sótlan vaj, plusz még a serpenyőhöz, szobahőmérsékleten
- 1 ¼ csésze fehérítetlen univerzális liszt
- 1 teáskanál szódabikarbóna
- ½ teáskanál finom só
- ¾ csésze mogyoróvaj
- ½ teáskanál tiszta vanília kivonat
- 2 nagy tojás, szobahőmérsékleten
- 1 csésze cukor
- 3 nagyon érett banán, meghámozva és villával pépesítve (kb. 1 csésze)
- ¾ csésze apróra vágott földimogyoró
- ¾ csésze eper befőtt

UTASÍTÁS:
a) Melegítse elő a sütőt 350 Fahrenheit fokra (175 Celsius fok). Enyhén megkenünk vajjal egy 9 x 5 x 3 hüvelykes tepsit.
b) A lisztet, a szódabikarbónát és a sót egy közepes tálba szitáljuk. Adjuk hozzá a mogyoróvajat és keverjük össze.
c) A vaníliát és a tojást egy kifolyós mérőedényben habosra keverjük. Félretesz, mellőz.
d) Lapátcsatlakozóval ellátott állványos mixerben vagy elektromos kézi mixerrel a vajat és a cukrot világos és habosra keverjük.
e) Fokozatosan öntsük bele a tojásos keveréket, miközben verjük; addig verjük, amíg beépül.
f) Keverje hozzá a pépesített banánt (a tészta alvósnak tűnik, de ne aggódjon), majd vegye ki a tálat a mixerből.
g) Gumilapáttal a lisztes keveréket beleforgatjuk, amíg éppen bele nem keveredik. Hajtsa bele ½ csésze apróra vágott földimogyorót.
h) Adja hozzá a tészta kétharmadát az előkészített tepsihez.
i) Terítsen ½ csésze eperkonzervet a tésztára, ügyelve arra, hogy hagyjon ½ hüvelykes határt a befőttek és a kenyérforma oldalai között.
j) A maradék tésztát rákenjük a befőttes rétegre.
k) Süssük addig, amíg a kenyér közepébe szúrt fogpiszkáló tisztán ki nem jön, körülbelül 55 percig.
l) Hűtsük le a serpenyőben lévő kenyeret egy rácson 5 percig, majd fordítsuk ki a serpenyőből a rácsra.
m) Miután kissé kihűlt, de még meleg, terítse el a maradék ¼ csésze eperkonzervet a tetejére. Megszórjuk a maradék ¼ csésze apróra vágott mogyoróval.
n) Szeletelés és tálalás előtt hagyjuk teljesen kihűlni.
o) Élvezze mogyoróvajas és zselés banánkenyérjét!

29.Kókuszos sárgabarack csíkok

ÖSSZETEVŐK:
- ½ csésze zsiradék, fél vaj
- ½ csésze cukrászcukor
- 2 tojássárgája
- 1 csésze Liszt
- ½ csésze vastag sárgabarack befőtt
- ½ csésze vastag ananász befőtt
- Kókuszos habcsók

UTASÍTÁS:
a) Melegítsük elő a sütőt 350 fokra. Keverjük össze alaposan a zsiradékot, a cukrot és a sárgáját.
b) A lisztet a cukros keverékhez keverjük. Nyomja meg és lapítsa el, hogy ellepje a kiolajozott, hosszúkás tepsi alját.
c) 10 percig sütjük. Vegyük ki a sütőből és kenjük be a befőtteket, majd habcsókkal.
d) Tegyük vissza a sütőbe , és süssük körülbelül 20 percig, amíg a habcsók aranybarna nem lesz.
e) Kicsit lehűtjük , és kis szeletekre vágjuk.

30. Málnás és krémsajtos croissant

ÖSSZETEVŐK:
- Alap croissant tészta
- 4 uncia krémsajt, megpuhult
- ¼ csésze málna befőtt
- 1 tojást 1 evőkanál vízzel felverünk
- Porcukor a porozáshoz

UTASÍTÁS:
a) Nyújtsuk ki a kifli tésztát egy nagy téglalappá.
b) A tésztát háromszögekre vágjuk.
c) Egy keverőtálban keverjük össze a krémsajtot és a málna befőtteket.
d) Minden croissant alsó felére kenjük a krémsajtos keveréket.
e) Helyezze vissza a croissant felső felét, és finoman nyomja le.
f) A kifliket bélelt tepsire tesszük, lekenjük tojással, és 1 órát kelesztjük.
g) Melegítsd elő a sütőt 200°C-ra, és süsd a kifliket 20-25 perc alatt aranybarnára.
h) Tálalás előtt porcukorral meghintjük.

31.Áfonyás és krémsajtos croissant

ÖSSZETEVŐK:
- Alap croissant tészta
- 4 uncia krémsajt, megpuhult
- ¼ csésze áfonya befőtt
- 1 tojást 1 evőkanál vízzel felverünk
- Porcukor a porozáshoz

UTASÍTÁS:
a) Nyújtsuk ki a kifli tésztát egy nagy téglalappá.
b) A tésztát háromszögekre vágjuk.
c) Egy keverőtálban keverjük össze a krémsajtot és az áfonya befőtteket.
d) Minden croissant alsó felére kenjük a krémsajtos keveréket.
e) Helyezze vissza a croissant felső felét, és finoman nyomja le.
f) A kifliket bélelt tepsire tesszük, lekenjük tojással, és 1 órát kelesztjük.
g) Melegítsd elő a sütőt 200°C-ra, és süsd a kifliket 20-25 perc alatt aranybarnára.
h) Tálalás előtt porcukorral meghintjük.

32.Citromos jeges torta rebarbara szósszal

ÖSSZETEVŐK:

A KÉGRE:
- 3 csésze blansírozott szeletelt mandula, pirítva (körülbelül 12 uncia)
- ½ csésze cukor
- 5 evőkanál olvasztott margarin
- ¼ teáskanál őrölt fahéj
- ⅓ csésze eper befőtt

A TORTEHEZ:
- 3 pint citrom vagy ananász jég, sörbet vagy szorbet
- 1 csésze cukor
- ½ csésze víz
- 1 vaníliarúd hosszában kettévágva

AZ EPER-REBARBARÁS SZÓZSHOZ:
- 1 20 uncia zacskó fagyasztott cukrozatlan rebarbara
- 1 20 uncia zacskó fagyasztott cukrozatlan eper
- 1 pint kosár friss eper
- Friss menta ágak (díszítéshez)

UTASÍTÁS:

A KÉGRE:
a) Aprítógépben keverjük össze a pirított mandulát és a cukrot. Addig dolgozzuk, amíg finomra nem vágjuk.
b) Tegye át a mandula-cukor keveréket egy közepes tálba.
c) Az olvasztott margarint és az őrölt fahéjat jól összekeverjük a mandulás keverékkel.
d) Tegye át a mandula keveréket egy 9 hüvelyk átmérőjű rugós formába. Használjon műanyag fóliát, hogy a mandula keveréket erősen nyomja 2 hüvelykre az oldalakon és egyenletesen az edény alján. Fagyassza le a héjat 15 percig.
e) Melegítsd elő a sütőt 175°C-ra (350°F). Helyezze a serpenyőt a kéreggel egy tepsire, és süsse 20 percig, vagy amíg a kéreg megszilárdul és enyhén aranybarna. Ha a kéreg oldala megcsúszik sütés közben, egy villa hátával nyomjuk vissza a helyükre.
f) Helyezze a serpenyőt egy rácsra, és hagyja teljesen kihűlni a héjat.
g) Olvasszuk fel az eper befőttet egy nehéz, kis serpenyőben. Az olvasztott befőtteket beleöntjük a kihűlt kéregbe, és elkenjük vele, hogy ellepje az alját. Hagyd hülni.

A TORTEHEZ:

h) A citromos vagy ananászos jeget, zserbetet vagy sorbetet nagyon enyhén megpuhítjuk, és a serpenyőben elosztjuk a héjon. Fagyassza le, amíg szilárd. Ezt a lépést egy nappal előre elkészítheti; csak lefedjük és lefagyasztjuk.

AZ EPER-REBARBARÁS SZÓZSHOZ:

i) Egy nehéz, közepes serpenyőben keverjen össze ½ csésze cukrot és ½ csésze vizet. A vaníliarúdról kikaparjuk a magokat, és a hasított vaníliarúddal együtt a serpenyőbe tesszük. 5 percig pároljuk.

j) Adjuk hozzá a maradék ½ csésze cukrot, és keverjük, hogy feloldódjon.

k) Adjuk hozzá a rebarbarát a serpenyőhöz. Forraljuk fel, majd mérsékeljük a hőt, fedjük le, és addig pároljuk, amíg a rebarbara megpuhul, ami körülbelül 8 percig tart.

l) Adjuk hozzá a fagyasztott epret a serpenyőbe, és forraljuk fel. Hagyja kihűlni a szószt. Fedjük le és tegyük hűtőbe, amíg jól kihűl. Ezt a lépést egy nappal előre is el lehet készíteni.

m) Vegye ki a vaníliarudat a szószból.

ÖSSZESZERELÉS:

n) Kis éles késsel vágjuk be a kéreg és a serpenyő oldalai közé. Távolítsa el a serpenyő oldalait.

o) A torta közepére kanalazzon ½ csésze epres-rebarbara szószt.

p) A közepére halmozzuk a friss epret, és díszítsük friss mentaágakkal.

q) A tortát szeletekre vágjuk, és további szósszal tálaljuk.

r) Élvezze az elragadó citromos jeges tortát epres rebarbara szósszal! Ez egy frissítő és elegáns desszert.

33.Mozzarella, prosciutto és fügelekváros grillsajt

ÖSSZETEVŐK:

- 4 puha francia vagy olasz tekercs (vagy félig sült, ha van)
- 10-12 uncia friss mozzarella, vastagon szeletelve
- 8 uncia prosciutto, vékonyra szeletelve
- ¼-½ csésze fügelekvár vagy fügelekvár, ízlés szerint
- Puha vaj kenyérre kenéshez

UTASÍTÁS:

a) Minden tekercset kettévágunk, és rákenjük a mozzarellával és a prosciuttoval. A felső szeleteket megkenjük fügelekvárral, majd lecsukjuk.
b) Minden szendvics külsejét vékonyan kivajazzuk.
c) Melegíts fel egy nehéz tapadásmentes serpenyőt vagy paniniprést közepesen magas lángon.
d) Helyezze a szendvicseket a serpenyőbe, két adagban dolgozva a serpenyő méretétől függően. Nyomja meg a szendvicseket, vagy zárja be a grillsütőt, és pirítsa meg, egyszer-kétszer megfordítva, amíg a kenyér ropogós nem lesz, a sajt pedig elolvad.
e) Bár a tekercsek kereknek indulnak, lenyomva lényegesen laposabbak és könnyen megfordíthatók, bár óvatosan.

34.Kiwi apróság

ÖSSZETEVŐK:

- 1 csomag Instant vanília puding mix
- 1 csomag Ladyfingers
- 3 evőkanál tejszínes sherry
- ¼ csésze eper befőtt
- 2 csésze apróra vágott kivi
- 2 evőkanál pirított szeletelt mandula
- 4 uncia Fagyasztott desszert öntet, felengedve

UTASÍTÁS:

a) Készítse el az instant vaníliás pudingkeveréket a csomagoláson található utasítások szerint . Félretesz, mellőz.
b) Vágja a hölgy ujjait kockákra.
c) Egy 2 literes tálalótálba rétegezzük a kockára vágott ladyfingers felét.
d) Megszórjuk a sherry felével. Pöttyös a befőttek felével.
e) A tetejére rakjuk a kiwi és a mandula felét.
f) Az elkészített puding felét ráöntjük. Ismételje meg a rétegeket a maradék ladyfingerrel, sherryvel, befőttekkel, gyümölcsökkel, mandulával és pudinggal kezdve.
g) Tálalásig hűtsük le.
h) Tálaláskor megkenjük fagyasztott desszertöntettel, felengedve.
i) Körülbelül 10 perc.

35.Barack melba apróság

ÖSSZETEVŐK:
- Két 8 unciás csomag Ladyfingers
- ¼ csésze plusz 1 evőkanál száraz sherry vagy narancslé
- 1½ font Friss őszibarack, feldarabolva és szeletelve
- ½ csésze vörös málna befőtt
- 18 uncia doboz édesített sűrített tej
- 1½ csésze hideg víz
- 8 uncia csomag Instant vanília puding és pite töltelék keverék
- 2 csésze nehéz vagy tejszínhab
- további piros málna befőttek a díszítéshez
- pirított mandula a díszítéshez

UTASÍTÁS:
a) 2 -½-3 literes tál alja és oldala, osztott oldalukkal felfelé. Megkenjük 2 evőkanál sherryvel vagy narancslével.
b) A tetejére rakjuk az őszibarack szeletek felét. Az őszibarackra kanalazzuk a befőtteket, és tegyük félre. Egy nagy keverőtálban keverje össze a sűrített tejet és a vizet.
c) Hozzáadjuk a pudingos keveréket, jól felverjük. 5-10 percre hűtőbe tesszük.
d) Egy kis mixer tálban verje fel a tejszínt, amíg kemény csúcsok keletkeznek.
e) A lehűtött pudingkeverékhez forgatjuk 1 evőkanál maradék sherryvel vagy narancslével. Egy tálba kanalazzuk a befőttek felét.
f) Tetejét megkenjük a maradék ladyfingerrel, sherry- vagy narancslével és pudingkeverékkel.
g) Fedjük le és tegyük hűtőbe legalább 2 órára. Közvetlenül tálalás előtt díszítsük további málnakonzervekkel és mandulával. A mandula pirításához egyetlen réteget tegyünk egy tepsire.
h) Süssük 300 fokon 5-7 percig, vagy amíg nagyon enyhén megpirul. Hűtsük le teljesen.

36.Szilva Dacquoise

ÖSSZETEVŐK:

- 6 tojás fehérje
- ¼ teáskanál tartárkrém
- 1 csésze plusz 3 evőkanál kristálycukor, osztva
- 1½ csésze pirított mandula
- 1 teáskanál vanília kivonat
- Fehér csokoládé Ganache
- Amaretto vajkrém
- 1 csésze szilva befőtt
- 2 csésze pirított szeletelt mandula
- Díszítés: egész mandula, szeletelt szilva, fehér csokoládé fürtök

UTASÍTÁS:

a) Melegítsük elő a sütőt 250°F-ra. 2 tepsit kibélelünk sütőpapírral.
b) Egy nagy tálban keverje fel a tojásfehérjét és a tartárkrémet mixerrel nagy sebességgel, amíg a keverék habos nem lesz.
c) Fokozatosan adjunk hozzá 3 evőkanál cukrot, verjük addig, amíg kemény csúcsok nem lesznek.
d) Egy robotgép munkatáljában keverjük össze a pirított mandulát és a maradék 1 csésze cukrot. Addig dolgozzuk, amíg a mandula meg nem őröl (kb. durva tengerparti homok állaga).
e) A mandulás keveréket óvatosan keverjük a tojásfehérje keverékhez. Belekeverjük a vaníliakivonatot.
f) A keveréket kanalazzuk egy nagyméretű, kerek heggyel ellátott csőzsákba.
g) Csővelj 4 (10x4 hüvelykes) téglalapot az előkészített serpenyőkre. Egy eltolt spatulával finoman simítsuk el a habcsók felületét.
h) Süssük, amíg a habcsók megszilárdul, körülbelül 3 óra. Kapcsolja ki a sütőt, és hagyja a habcsókot a sütőben zárt ajtóval 6 órán keresztül.
i) Fogazott késsel finoman vágja le a habcsókot, hogy minden oldala egyenes legyen, és minden habcsók egyforma méretű legyen.
j) Helyezzen rácsot a sütőpapírra. Tegyünk 3 habcsókot a rácsra. Egyenletesen terítsen ¼ csésze White Chocolate Ganache-t minden habcsókra, és fedje le a maradék ganache-t műanyag fóliával. Hűtőbe tesszük a habcsókot, amíg a ganache megszilárdul, körülbelül 15 percig.
k) Egy eltolt spatulával kenjük meg a maradék habcsók tetejét ⅓ csésze Amaretto vajkrémmel; tálalótálra tesszük.

l) ⅓ csésze befőttekkel megkenjük. Fordíts meg 1 ganache-bevonatú habcsókot, helyezd a befőttekre, és finoman nyomkodd egyenlítésre. Ismételje meg a folyamatot, kenje meg a habcsókot ⅓ csésze vajkrémmel és ⅓ csésze befőtttel, és öntse meg egy fordított ganache bevonatú habcsókkal.
m) A tetejét megkenjük ⅓ csésze vajkrémmel és a maradék ⅓ csésze befőtttel. Az utolsó ganache-bevonatú habcsókot fordítsuk meg a torta tetejére.
n) 1 kézzel rögzítse a torta tetejét; megkenjük a maradék vajkrém felét, hogy vékonyan bevonjuk a torta oldalát, majd a maradék vajkrémmel bevonjuk a torta tetejét.
o) Addig simítjuk, amíg a torta dobozra hasonlít.
p) Hűtőbe tesszük, amíg a vajkrém megszilárdul, körülbelül 2 órára.
q) Forró víz fölé állított hőálló tálban melegítsük fel a maradék ganache-t, amíg kiönthető, de nem forró.
r) Egy vékony réteg ganache-t gyorsan kenjünk a torta tetejére és oldalára. A sütemény oldalára azonnal nyomkodj szeletelt mandulát.
s) Hűtőbe tesszük legalább 3 órára vagy legfeljebb 2 napra. Díszítsük egész mandulával, szilvaszeletekkel és fehér csokoládé fürtökkel, ha szükséges.

37.Pirítós eperrel és krémsajttal

ÖSSZETEVŐK:

- 8 közepesen vastag szelet puha, édes fehér kenyér, például challa vagy briós
- 8-12 evőkanál (körülbelül 8 uncia) krémsajt (az alacsony zsírtartalmú jó)
- Körülbelül ½ csésze eper befőtt
- 1 csésze (körülbelül 10 uncia) szeletelt eper
- 2 nagy tojás, enyhén felverve
- 1 tojássárgája
- Körülbelül ½ csésze tej (az alacsony zsírtartalmú jó)
- Egy csipetnyi vanília kivonat
- Cukor
- 2-4 evőkanál sótlan vaj
- ½ teáskanál friss citromlé
- ½ csésze tejföl
- Több szál friss menta, vékonyra szeletelve

UTASÍTÁS:

a) 4 szelet kenyeret vastagon megkenjük a krémsajttal, az oldala felé kissé keskenyedve, hogy a krémsajt ne szivárogjon ki a főzés során, majd a másik 4 szelet kenyeret megkenjük a befőttekkel.
b) A krémsajt tetejére szórjunk egy könnyű réteg epret.
c) Minden darab sajttal megkenhető kenyeret megkenünk egy szelet kenyérrel. Óvatosan, de határozottan nyomja meg a lezáráshoz.
d) Egy sekély tálban keverjük össze a tojást, a tojássárgáját, a tejet, a vaníliakivonatot és körülbelül 1 evőkanál cukrot.
e) Melegíts fel egy nehéz, tapadásmentes serpenyőt közepesen magas lángon. Adjuk hozzá a vajat. Minden szendvicset egyenként mártson a tálba a tejjel és a tojással. Hagyja ázni egy- két pillanatig , majd fordítsa meg és ismételje meg.
f) Helyezze a szendvicseket a forró serpenyőbe az olvasztott vajjal, és hagyja, hogy aranybarnára süljenek. Fordítsuk meg , és enyhén pirítsuk meg a második oldalát.
g) Közben a maradék epret ízlés szerint összekeverjük a cukorral és a citromlével.
h) Minden szendvicset, amint elkészült, tálaljuk , egy kanál vagy 2 eperrel és egy kanál tejföllel díszítve.
i) Megszórjuk őket is a mentával.

38.Csirketorta , Queso Fresco és Gouda

ÖSSZETEVŐK:

- 2 zsálya/fűszeres kolbász (kb. 14 uncia)
- 6 uncia reszelt Jack vagy közepes Asiago sajt
- 2 evőkanál (kb. 2 uncia) frissen reszelt érlelt sajt, például parmezán, Locatelli Romano vagy száraz Jack
- 2 zöldhagyma, vékonyra szeletelve
- 3 teáskanál tejföl csipet köménymag Apró csipet kurkuma Cip barna mustár
- Csipet cayenne bors vagy néhány csepp csípős paprika szósz
- 8 vékony szelet teljes kiőrlésű kenyér
- 3 evőkanál extra szűz olívaolaj
- 3 gerezd fokhagyma, vékonyra szeletelve
- 2 marokkói módra tartósított citrom, jól leöblítve és felszeletelve
- 2 teáskanál finomra vágott friss lapos petrezselyem

UTASÍTÁS:

a) A kolbászt durván felkockázzuk, majd közepes lángon gyorsan megpirítjuk egy kis tapadásmentes serpenyőben. Kivesszük a tepsiből, papírtörlőre tesszük, és hagyjuk kihűlni. Hagyja a serpenyőt a tűzhelyen, és kapcsolja ki a hőt.

b) Egy közepes tálban keverjük össze a 2 sajtot a zöldhagymával, a tejföllel, a köménymaggal, a kurkumával, a mustárral és a cayenne borssal. Ha kihűlt a kolbász, keverjük össze a sajttal.

c) Halmozzon el 4 szelet kenyeret a sajt-kolbász keverékkel, majd tegyen rá egy második szelet kenyeret. Jól nyomkodja le, és enyhén, de erősen nyomja meg, hogy a szendvics összetartson.

d) Melegítsük fel újra a serpenyőt közepesen magas lángon, és adjuk hozzá az olívaolaj és a fokhagyma felét, majd toljuk a fokhagymát az egyik oldalára, és adjunk hozzá 1 vagy 2 szendvicset, bármennyit is elfér a serpenyő. Addig sütjük, amíg az egyik oldala enyhén ropogós lesz, és a sajt el nem kezd olvadni.

e) Megfordítjuk , és a második oldalát aranybarnára sütjük. Tegyük tányérra, és ismételjük meg a többi szendviccsel, a fokhagymával és az olajjal. Az enyhén barnára sült fokhagymát eldobhatja, vagy rágcsálhatja; Bármelyiket is teszed, vedd ki a serpenyőből, mielőtt megfeketedne, mert keserű ízt ad az olajnak, ha megég.

f) A szendvicseket forrón, háromszögekre vágva, tartósított citrommal és apróra vágott petrezselyemmel megszórva azonnal tálaljuk.

39.Mozzarella, prosciutto és fügelekváros grillsajt

ÖSSZETEVŐK:

- 4 puha francia vagy olasz tekercs (vagy félig sült, ha van)
- 10-12 uncia friss mozzarella, vastagon szeletelve
- 8 uncia prosciutto, vékonyra szeletelve
- ¼-½ csésze fügelekvár vagy fügelekvár, ízlés szerint
- Puha vaj kenyérre kenéshez

UTASÍTÁS:

f) Minden tekercset kettévágunk, és rákenjük a mozzarellával és a prosciuttoval. A felső szeleteket megkenjük fügelekvárral, majd lecsukjuk.
g) Minden szendvics külsejét vékonyan kivajazzuk.
h) Melegíts fel egy nehéz tapadásmentes serpenyőt vagy paniniprést közepesen magas lángon.
i) Helyezze a szendvicseket a serpenyőbe, két adagban dolgozva a serpenyő méretétől függően. Nyomja meg a szendvicseket, vagy zárja be a grillsütőt, és pirítsa meg, egyszer-kétszer megfordítva, amíg a kenyér ropogós nem lesz, a sajt pedig elolvad.
j) Bár a tekercsek kereknek indulnak, lenyomva lényegesen laposabbak és könnyen megfordíthatók, bár óvatosan.

40.Carbquik Drop dán

ÖSSZETEVŐK:

- 2 csésze Carbquik keverék
- ¼ csésze vaj, megpuhult
- 2 evőkanál Splenda (ízlés szerint állítható)
- ⅔ csésze nehéz tejszín
- ¼ csésze cukormentes befőtt (bármilyen ízű)

VANÍLIA SZEDŐ:

- 1 evőkanál meleg víz
- ¾ csésze Splenda (aprítógépben porítva)
- ¼ teáskanál vanília

UTASÍTÁS:

a) Melegítse elő a sütőt 232 °C-ra (450 ºF). Fújjon be egy sütilapot főzőspray-vel, vagy kenje meg enyhén zsiradékkal.

b) Egy közepes tálban keverje össze a Carbquik keveréket, a lágy vajat és a Splendát, amíg a keverék omlóssá nem válik. Keverje hozzá a kemény tejszínt, amíg tészta nem képződik; verte meg körülbelül 15 ütéssel.

c) A tésztát lekerekített evőkanálnyival az előkészített sütilapra ejtjük, egymástól körülbelül 2 hüvelyk távolságra. Mindegyik mélyedés közepébe egy vízbe mártott kanál hátával készítsen sekély mélyedést, és töltsön meg mindegyik mélyedést 1 teáskanál cukormentes befőttel.

d) Süssük 10-15 percig, vagy amíg a sütemények aranybarnák nem lesznek.

e) Amíg a péksütemények még melegek, kenjük meg vaníliás csepegtetővel.

VANÍLIÁS SZEDŐ:

f) Egy külön tálban keverje össze a meleg vizet, a porított Splendát és a vaníliát.

g) Ezzel a keverékkel a frissen sült péksüteményre kenjük.

41.Őszibarackos-mézeskalács fejjel lefelé torta

ÖSSZETEVŐK:
- 4 őszibarack (hámozva, kimagozva és ¼ hüvelyk vastagra szeletelve)
- 1 ½ csésze univerzális liszt
- 1 ½ teáskanál szódabikarbóna
- ⅓ csésze melasz
- ¾ csésze forrásban lévő víz
- 2 tojás
- ¾ csésze kristálycukor
- ⅓ csésze sótlan vaj (olvasztott)
- 8 őszibarack (meghámozva, kimagozva és ¼ hüvelyk vastagra szeletelve)
- ¼ csésze sózatlan vaj (olvasztott)
- 6 evőkanál sötétbarna cukor (csomagolva)
- ½ csésze őszibarack vagy sárgabarack befőtt

UTASÍTÁS:
a) Melegítse elő a sütőt 350 Fahrenheit fokra (175 Celsius fok).
b) Bőségesen vajazz ki egy 12 hüvelykes rugós tepsit. A felszeletelt barackból 4 darabot körkörösen elhelyezünk a serpenyőben, és félretesszük.
c) A lisztet és a szódabikarbónát szitáljuk össze, és tegyük félre.
d) Egy külön tálban keverje össze a melaszt és a forrásban lévő vizet, és tegye félre.
e) Egy keverőtálban verjük fel a tojást és a kristálycukrot 5-10 perc alatt, amíg világos és habos nem lesz.
f) Fokozatosan adjuk hozzá az olvasztott vajat, miközben folyamatosan verjük a keveréket.
g) Felváltva adjuk hozzá a lisztes keveréket és a melasz keveréket a tojásos keverékhez, és csak simára keverjük.
h) rugós formába öntjük az őszibarackra.
i) Helyezze a tepsit az előmelegített sütő középső rácsára, és süsse 45 percig, vagy amíg a torta közepébe szúrt fogpiszkáló tisztán ki nem jön. Vegye ki a süteményt a sütőből, és hagyja kihűlni.
j) Egy serpenyőben pároljuk a maradék őszibarackszeleteket ¼ csésze olvasztott vajban és 6 evőkanál csomagolt barna cukorban puhára, de nem pépesre, körülbelül 6-8 perc alatt. Vegye ki őket a serpenyőből, és hagyja kihűlni.
k) A tortát fordítsd egy tálra úgy, hogy az őszibarack kerüljön a tetejére. A kihűlt barackszeleteket a torta tetejére helyezzük.
l) dupla bojler tetején olvasszuk fel az őszibarack vagy kajszibarack befőttet, és bőségesen kenjük meg vele a szeletelt őszibarackot.
m) Élvezze a régimódi barack-mézeskalács fejjel lefelé tortát! Tökéletes egy kellemes desszerthez az őszibarack és a mézeskalács elragadó ízeivel.

42. Málnakrémes kávétorta

ÖSSZETEVŐK:

- 3 uncia csomag krémsajt
- ¼ csésze margarin
- 2 csésze Bisquick mix
- ¾ csésze tej
- ½ csésze vörös málna lekváros befőtt
- 1 csésze porcukor
- 2 evőkanál tej
- ½ teáskanál vanília

UTASÍTÁS:

a) A krémsajtot és a margarint belevágjuk a Bisquickbe, és omlósra keverjük.
b) Keverjük hozzá a tejet. A tésztát a lisztezett felületre borítjuk, viaszpapíron 8-10-szer átgyúrjuk, majd a tésztát 12x8-as téglalappá nyújtjuk.
c) Zsírozott tepsire tesszük, és a papírokat eltávolítjuk.
d) A tészta közepén körülbelül 3 széles konzerveket terítünk.
e) Végezzen 2½ bevágást 1 időközönként a hosszú oldalon. Hajtsunk csíkokat a töltelékre.
f) Süssük 425 fokos sütőben 12-15 percig, keverjük össze a cukrot, a tejet és a vaníliát; a kissé kihűlt kávéskalács tetejére csurgatjuk.

43.Fekete-erdő francia pirítós

ÖSSZETEVŐK:
- 2 szelet challah kenyér, vastagra szeletelve
- 2 tojás
- 2-3 evőkanál fele-fele vagy tej
- 4-6 evőkanál cukor
- 2-3 evőkanál Hershey kakaó, cukrozatlan kb.
- 1 teáskanál vanília
- 1 teáskanál fahéj, őrölt
- 1 csipet só
- 2-3 evőkanál krémsajt, vagy tejszínhab

FELTÉT A francia pirítóshoz
- 1 üveg Hershey különleges étcsokoládé szirup
- 1 üveg meggybefőtt vagy meggylekvár
- 1 üveg griottine (cseresznye kirschben)
- 1 doboz tejszínhab
- ¼ c félédes csokoládé chips

UTASÍTÁS:
a) Vegyünk egy meglehetősen nagy tálat, hogy elkészítsük a pirítóst mártogató keveréket.
b) Adjuk hozzá a tojást és verjük fel. Ezután adjuk hozzá a felét, a vaníliát, a fahéjat, a steviát és a Hershey's kakaót.
c) Keverje össze ezeket az egészet. A csokoládét kicsit habverni kell, de néhány perc múlva megtörténik.
d) Melegítse elő a sütőt 350 fokra, vagy használjon kenyérpirítót.
e) Egy serpenyőben olajat vagy vajat hevítünk.
f) Most vegyen egy szelet kenyeret, és mártsa bele a keverékbe, hogy telítődjön, fordítsa meg, és kapja meg a másik oldalát is. Ismételje meg a másik szelettel.
g) Lerázzuk a felesleget, és serpenyőbe tesszük főni. Addig sütjük, amíg mindkét oldala szép és ropogós barna nem lesz.
h) Helyezzen egy szelet pirítóst egy tányérra, és bőségesen adjon hozzá egy kis krémsajtot, és tegyen rá csokireszeléket.
i) Adja hozzá a másik szelet pirítóst a tetejére. Most tegye a 2 szelet pirítóst egy tepsibe, és tegye be a sütőbe/vagy kenyérpirító sütőbe körülbelül 5 percre, amíg a chips megolvad. Távolítsa el és lemezezzen.
j) Adjunk hozzá néhány meggyet a pirítós tetejére néhány kanál édes folyadékkal. Adja hozzá a tejszínhabot, adjon hozzá 3 vagy 4 Griottine-t és egy evőkanál burgonyát a tetejére, és csepegtesse a Hershey's csokoládésziruppal az egész francia pirítóst.
k) Adjon hozzá még néhány csokoládédarabkát... most már készen áll a valaha evett legdekadensabb francia pirítós elfogyasztására. Élvezze minden falatot!

44. Focaccia di mele

ÖSSZETEVŐK:
TÖSZTA:
- 1 kis alma, maggal és negyedelve
- 2 csésze fehérítetlen fehér liszt
- ¼ teáskanál fahéj
- 1 evőkanál cukor vagy 2 t méz
- 1 Kevés t gyorsan kelesztő élesztő
- ¼ teáskanál só
- ⅓-½ csésze forró csapvíz
- ⅓ csésze mazsola

TÖLTŐ:
- 4 közepes alma
- ½ citrom leve
- Csipetnyi fehér bors
- Csipet szegfűszeg
- Csipet kardamom
- Csipetnyi szerecsendiót
- Csipet őrölt gyömbért
- 1 teáskanál vanília kivonat
- ⅓ csésze cukor vagy méz
- ½ csésze barna cukor ill
- 2 evőkanál melasz
- 1 teáskanál kukoricakeményítő

ZOMÁNC:
- 2 evőkanál baracklekvár vagy befőtt
- 1 teáskanál vizet

UTASÍTÁS:
TÖSZTA:

a) A felnegyedelt almát konyhai robotgépben körülbelül 20 másodpercig dolgozzuk fel; áttesszük egy külön tálba.

b) Adjon hozzá 2 csésze lisztet, fahéjat, cukrot vagy mézet, élesztőt és sót, ha szükséges; folyamat 5 másodpercig. Adjunk hozzá feldolgozott almát; folyamat további 5 másodpercig.

c) Járó processzor mellett fokozatosan adjon hozzá ⅓ csésze forró vizet az adagolócsövön keresztül. Állítsa le a gépet, és hagyja pihenni a tésztát körülbelül 20 másodpercig. Folytassa a feldolgozást és fokozatosan adjon hozzá vizet az adagolócsövön keresztül, amíg a

tészta puha golyót nem kap, és a tál oldalai megtisztulnak. Pulzáljon még 2-3 alkalommal.
d) Szórjon mazsolát és 1 evőkanál lisztet a tiszta felületre. Fordítsuk a tésztát a felületre, és dagasszuk körülbelül 1 percig, hogy a mazsola belekerüljön. Adjunk hozzá lisztet, ha a tészta nagyon ragadós.
e) Enyhén liszt a műanyag zacskó belsejében. Tegye a tésztát zacskóba, zárja le és hagyja pihenni 15-20 percig meleg, sötét helyen.
f) A tésztát 12-14 hüvelyk átmérőjű kör alakúra nyújtjuk. Olajozott serpenyőbe vagy tepsibe fektetjük.
g) Konyharuhával letakarjuk, és meleg helyre tesszük, amíg elkészítjük a tölteléket.
h) A sütőt előmelegítjük 400 fokra.

TÖLTŐ:
i) Az almát kimagozzuk és papírvékonyra szeleteljük. Az almaszeleteket citromlével meglocsoljuk. Adjuk hozzá a többi töltelék hozzávalót, és jól keverjük össze.
j) A tölteléket kanalazzuk a tésztába. 20 percig sütjük, majd a tepsit 180 fokkal elforgatjuk. Csökkentse a sütő hőmérsékletét 375 fokra, és süsse további 20 percig, vagy amíg az alma megpirul. Hűtsük le a serpenyőben 5 percig. Kivesszük a serpenyőből, és rácson alaposan kihűtjük.

ZOMÁNC:
k) Egy kis serpenyőben olvasszuk fel a lekvárt vagy a befőtteket. Adjunk hozzá vizet, és forraljuk fel erőteljes keverés közben. Kenjük meg mázzal az almát, és tálaljuk.

45.Teljes kiőrlésű lekvár négyzetek

ÖSSZETEVŐK:

- 2 csésze gyorsfőzésű zab, nyersen
- 1¾ csésze univerzális liszt
- ¾ teáskanál só
- ½ teáskanál szódabikarbóna
- 1 csésze vaj, megpuhult
- 1 csésze barna cukor, csomagolva
- ½ csésze apróra vágott dió
- 1 teáskanál fahéj
- ¾-1 csésze eper befőtt

UTASÍTÁS:

a) Keverje össze az összes hozzávalót, kivéve a befőtteket egy tálban; addig keverjük, amíg nagy morzsa nem keletkezik. Foglaljon le 2 csésze zabkeveréket, és tegye félre.
b) A maradék keveréket egy kivajazott 13"x9"-es tepsibe nyomkodjuk.
c) A tetejére befőtteket kenünk; megszórjuk fenntartott zabkeverékkel.
d) Süssük 400 fokon 25-30 percig, amíg aranybarna nem lesz. Menő; négyzetekre vágjuk.

46. Epres-limonádé szarvasgomba

ÖSSZETEVŐK:

- 26 uncia fehér csokoládé, osztva
- 6 evőkanál vaj
- 1 evőkanál citromhéj
- 1 teáskanál citromlé
- ⅓ teáskanál borkősav Csipet só
- 2 evőkanál eper befőtt

UTASÍTÁS:

a) Temperálja meg az összes fehér csokoládét az itt leírt módszerrel, és ellenőrizze, hogy jó az indulata, ha megken egy kis csokit a pultra.
b) Ezt 2 percen belül be kell állítani. Tegyél félre 16 unciát.
c) A vajat megpuhítjuk a mikrohullámú sütőben, majd sütőpapírpárnában (lásd itt) addig gyúrjuk, amíg a vaj meleg nem lesz és arckrém állagú lesz.
d) Keverje hozzá a vajat 10 uncia temperált csokoládéhoz, amíg a keverék jól keveredik és selymesnek tűnik.
e) Adjuk hozzá a többi hozzávalót és jól keverjük össze.
f) Csővelje a ganache-t 1 hüvelykes négyzet alakú formákba.
g) Hagyja állni a pulton, vagy tegye a hűtőszekrénybe 20 percre, hogy megszilárduljon.
h) Mártásra készek, ha a ganache tisztán kikerül a formából.
i) Egy kétágú merítővillával mártsuk a szarvasgombát a maradék 16 uncia temperált fehér csokoládéba.
j) Díszítsd úgy, hogy minden szarvasgomba tetejére rózsaszínes-sárga kakaóvajat teszel, mielőtt a következőt mártod.
k) Hagyja hűvös helyen 10-20 percig, mielőtt leveszi a transzfer lapot.
l) tárolja szobahőmérsékleten, sötét helyen, szagtól és hőtől távol .

47.Epres sajttorta francia pirítós

ÖSSZETEVŐK:

- ½ csésze krémsajt, lágyítva
- 2 evőkanál porcukor
- 2 evőkanál eper befőtt
- 8 szelet vidéki fehér kenyér
- 2 tojás
- ½ csésze fele-fele
- 2 evőkanál cukor
- 4 evőkanál vaj, osztva

UTASÍTÁS:

a) Keverje össze a krémsajtot és a porcukrot egy kis tálban; jól összekeverni. Belekeverjük a befőtteket. Kenje el egyenletesen a krémsajt keveréket 4 szelet kenyéren; tetejére a megmaradt szeleteket szendvicsek formálásához.

b) Egy közepes tálban habosra keverjük a tojást, fele-fele arányban a cukrot; félretesz, mellőz.

c) Olvassz fel 2 evőkanál vajat egy nagy serpenyőben közepes lángon. Minden szendvicset mártson a tojásos keverékbe, mindkét oldalát teljesen befedve.

d) Egyszerre 2 szendvicset süss oldalanként 1-2 percig, vagy amíg aranybarna nem lesz.

e) Olvasszuk fel a maradék vajat, és főzzük meg a maradék szendvicseket az utasítás szerint.

48. Francia pirítósrudak mandarin túróval

ÖSSZETEVŐK:

- 2 tojás, felvert
- ¾ csésze tej
- 1 teáskanál vanília kivonat
- 4 szelet kenyér, mindegyiket 4 csíkra vágva
- 1 evőkanál vaj
- juharszirup
- Mandarin túró vagy kedvenc befőtt

UTASÍTÁS:

a) Egy sekély tálban keverjük össze a tojást, a tejet és a vaníliát. A kenyércsíkokat belemártjuk, jól beáztatjuk.
b) Egy serpenyőben közepes lángon olvasszuk fel a vajat. Adjon hozzá kenyércsíkokat; mindkét oldalát aranybarnára sütjük.
c) Melegen tálaljuk sziruppal vagy befőtt befőttekkel.

49. Sárgabarack máz

ÖSSZETEVŐK:
- ½ csésze sárgabarack befőtt
- 1 evőkanál vizet

UTASÍTÁS:
a) Egy kis serpenyőben melegítse fel a sárgabarack befőttet és a vizet alacsony lángon.
b) Addig keverjük, amíg a befőttek megolvadnak és a keverék sima lesz.
c) Vegyük le a tűzről, és hagyjuk kissé kihűlni.
d) Ecsetelve vagy kanalazva kenje meg a barackmázzal a desszertjét, amíg még meleg.

50.G lazed font torta

ÖSSZETEVŐK:
- 1 font torta
- ½ csésze balzsamecet
- ½ csésze barna cukor
- ½ csésze eper befőtt
- ¼ csésze juharszirup
- 2 csésze friss bogyós gyümölcsök
- ½ gallon Perry vanília fagylalt

UTASÍTÁS:
a) Grill vagy grill szegmenseket font torta és tegye félre.
b) Egy serpenyőben forraljuk fel az ecetet, a cukrot, a befőtteket és a szirupot.
c) Hagyjuk szép sűrű sziruppá, hozzáadjuk a gyümölcsöt, és melegre melegítjük.
d) Tálaljuk az epret egy font torta fölé, az oldalán fagylalttal.

51. Málnás ujjlenyomatú sütik

ÖSSZETEVŐK:
- 1 csésze sózatlan vaj, lágyított
- 2/3 csésze kristálycukor
- 2 nagy tojássárgája
- 1 teáskanál vanília kivonat
- 2 csésze univerzális liszt
- ¼ teáskanál só
- 1 csésze finomra vágott dió (például mandula vagy dió)
- ½ csésze málnalekvár vagy befőtt

UTASÍTÁS:
a) Melegítsd elő a sütőt 175°C-ra (350°F). Egy tepsit kibélelünk sütőpapírral.
b) Egy nagy tálban habosra keverjük a puha vajat és a kristálycukrot. Használhat elektromos keverőt vagy kézzel.
c) Adjuk hozzá a tojássárgáját és a vaníliakivonatot a vaj-cukor keverékhez. Jól keverjük össze, amíg teljesen össze nem áll.
d) Fokozatosan adjuk hozzá a lisztet és a sót a keverékhez, keverjük addig, amíg a tészta összeáll. Ügyeljen arra, hogy ne keverje túl.
e) A tésztából kis, körülbelül 1 hüvelyk átmérőjű golyókat formázunk. Körülbelül 24 golyót kell kapnia.
f) Minden tésztagolyót megforgatunk a finomra vágott diófélékben, ügyelve arra, hogy minden oldaluk be legyen vonva. Helyezze a bevont golyókat az előkészített tepsire, hagyjon helyet az egyes sütik között.
g) Használja a hüvelykujját vagy a kanál hátát, hogy minden tésztagolyó közepén mély bemélyedést készítsen. Ügyeljen arra, hogy elég nagy legyen egy teáskanál lekvár befogadására.
h) Körülbelül 1 teáskanál málnalekvárt vagy befőttet kanalazunk a sütemények minden mélyedésébe.
i) Helyezzük a tepsit az előmelegített sütőbe, és süssük körülbelül 12-15 percig, vagy amíg a keksz széle aranybarna nem lesz.
j) Vegye ki a sütiket a sütőből, és hagyja néhány percig a tepsiben hűlni. Tegyük rácsra, hogy teljesen kihűljenek.
k) Élvezd.

52.Szárított gyümölcsös fasírt

ÖSSZETEVŐK:

- 1 ½ kiló darált hús
- 1 csésze panko zsemlemorzsa
- 3 marék szárított gyümölcs. a nagyobb gyümölcsöket mazsola nagyságú darabokra vágjuk
- 1 evőkanál lekvár vagy gyümölcs befőtt
- ¼ teáskanál frissen őrölt fahéj
- 1 evőkanál fokhagyma por
- ½ teáskanál kömény
- 1 csipet csípős paprika
- bőséges csipet kóser só
- 1 tojás

UTASÍTÁS:

a) Melegítse elő a sütőt 325 F-ra.
b) Az összes hozzávalót egy tálba tesszük, és kézzel alaposan összedolgozzuk.
c) Nyomjuk a keveréket egy kis tepsibe vagy más sütőben használható edénybe. Ha szükséges, használjon kevesebbet, mint az egész edényt, hogy a cipó legalább 2 hüvelyk vastag legyen.
d) Egy órát sütjük, amíg a teteje jól megpirul . Tálalás előtt legalább 20 percig hagyjuk hűlni.

53.Mochi gyűrű Fánk

ÖSSZETEVŐK:

- 5½ oz mochiko liszt
- 4 oz tápióka keményítő
- 1¾ teáskanál sütőpor
- ½ teáskanál só
- ⅓ csésze fehér 75 g kristálycukor
- 1 tojás
- 5 uncia teljes tej
- 2 evőkanál zöldségleves
- növényi olaj
- 1 csésze porcukor
- 1½ uncia teljes tej
- ½ teáskanál vaníliarúd paszta
- 1 uncia teljes tej
- 1 teáskanál eper befőtt

UTASÍTÁS:

a) A száraz hozzávalókat, a mochiko lisztet, a tápióka keményítőt, a sütőport és a sót egy tálban összekeverjük, majd összedolgozzuk.
b) A nedves hozzávalókat összekeverjük. Egy külön nagy keverőtálban keverje össze a cukrot, a tojást, a tejet és a növényi olajat, amíg teljesen össze nem keveredik. A zöldségleves borsó nagyságú lesz.
c) A száraz hozzávalókat egy nagy keverőtálba szitáljuk.
d) Egy spatulával keverje össze a fánkotésztát, amíg teljesen össze nem keveredik, ügyelve arra, hogy amennyire csak tudja, belekeverje a tésztát.
e) Vágja a sütőpapírt 3 x 3 hüvelykes négyzetekre. A csövesítés megkönnyítése érdekében hozzon létre egy 2,5 hüvelykes körből álló sablont egy sima papírra, és ragassza fel az asztalra. Tegyél 8 pontot egyenlő távolságra a körön, ezek lesznek azok a pontok, ahol minden labdát csőbe fogsz úgy, hogy egy 8 golyós gyűrűt hozz létre.
f) Tegyen rá egy darab pergament, és kövesse a pontokat a csőzsákkal.
g) Tegyen egy 808-as méretű csővéget egy csőzsákba. Töltsük meg a zsákot fánkotésztával, és nyomjuk össze a nyílást, amíg a teszta ki nem jön a hegyéből.
h) Nyomj ki kb 1 teáskanál tésztát a sütőpapír minden pontjára. Vágókéssel vagy vajkéssel vágja le a tésztát a zsák hegyéről a tiszta vágás érdekében. Szeretem minden vágáskor megtörölni a kést.

Ismételje addig, amíg mind a 8 pontot meg nem csinálja . A végén egy 8-gyűrűs fánkot kell készítenie, és az összes golyónak kissé össze kell kapcsolódnia egymással. Ismételje meg az összes fánkkal.
i) Adjunk hozzá legalább 2 hüvelyk olajat egy vastag aljú edényben, közepesen magas lángon. Melegítse elő az olajat 350 °F-ra .
j) Óvatosan engedje le az egyik sütőpapíros fánkot a felhevített olajba. A 3 ½ literes fazékba adagonként két fánk is elfér. Ne próbálja összezsúfolni a fánkot.
k) Kb. 1 perc múlva fogóval távolítsa el a pergament, könnyen le kell válnia. Szűrő segítségével fordítsa meg a fánkot, és óvatosan nyomja bele az olajba, hogy elmerüljön . Folytassa a főzést még körülbelül egy percig, vagy amíg világosbarna nem lesz . Ez a tészta nem tartalmaz gluténlisztet, így nem lesz szuperbarna.
l) A szűrő segítségével tegyük át a fánkot egy papírtörlővel bélelt rácsra egy lapos tepsire. Ismételje meg az összes fánkkal.

VANILIÁS BAB:
m) Egy tálban habverővel összekeverjük a porcukrot, a tejet és a vaníliarudat. A vastagságnak a juharsziruphoz hasonlónak kell lennie. Hogy sűrűbb legyen, adjunk hozzá még porcukrot . Hogy hígabb legyen, lassan adjunk hozzá több tejet.

EPER:
n) Egy tálban habverővel összekeverjük a porcukrot, a tejet és az eperbefőtteket. A vastagságnak a juharsziruphoz hasonlónak kell lennie. Hogy sűrűbb legyen, adjunk hozzá még porcukrot . Hogy hígabb legyen, lassan adjunk hozzá több tejet.

ÖSSZESZERELÉS:
o) Vegyünk egy friss fánkot (a rácsra hűlés után enyhén melegen), és mártsuk mázba , és helyezzük vissza a hűtőrácsra papírtörlő nélkül.
p) 1 percig pihentetjük, hogy a máz megdermedjen. Ismételje meg a többi fánkkal.
q) Azonnal tálaljuk.

54. Gateau de mousse a la nektarine

ÖSSZETEVŐK:
NEKTARINHAB:
- 1½ font nektarin
- ½ csésze cukor
- 5 teáskanál ízesítetlen zselatin
- ¼ csésze citromlé
- ¼ csésze őszibarack pálinka
- 1½ csésze kemény tejszín, jól lehűtve
- Genoise torta (lásd a receptet)

Őszibarackszirup:
- ¼ csésze cukor
- ⅓ csésze őszibarack pálinka
- Barack máz:
- 1¼ teáskanál ízesítetlen zselatin
- ¾ csésze őszibarack befőtt vagy lekvár
- 3 evőkanál őszibarack pálinka

UTASÍTÁS:
a) Félbevágjuk, kimagozzuk és feldaraboljuk a nektarint, majd egy vastag serpenyőben összekeverjük cukorral és ½ csésze vízzel. Kevergetve felforraljuk, és lassú forrásban, időnként megkeverve főzzük 15 percig. Konyhai robotgépben pürésítjük a keveréket, és egy finom szitán át egy nagy tálba nyomjuk, erősen rányomva a szilárd anyagokra.

b) Egy kis lábasban a citromlével és a pálinkával meglocsoljuk a zselatint, hagyjuk 5 percig puhulni, majd lassú tűzön kevergetve addig melegítjük, amíg a zselatin fel nem oldódik. A zselatint nektarin pürébe keverjük, jól összekeverjük. Hagyjuk szobahőmérsékletűre hűlni.

c) Egy lehűtött tálban verjük fel a tejszínt, amíg puha formákat nem kap (nem olyan kemény, mint a puha csúcsok), és forgassuk a nektarin keverékhez.

d) Vágja le a Genoise-t , és vágja három rétegre, vízszintesen.

e) Őszibarackszirup: Egy kis serpenyőben keverje össze a cukrot és ¼ csésze vizet. Forraljuk fel, keverjük, amíg a cukor feloldódik , és keverjük hozzá a pálinkát. Hagyja a szirupot szobahőmérsékletre hűlni.

ÖSSZESZERELÉS:
f) rugós tepsi aljába , és megkenjük az őszibarackszirup felével. Öntsük a hab felét a tortára, és tegyük rá még egy réteg Genoise-t .

g) Kenjük meg a maradék baracksziruppal, és öntsük a maradék habbal a tortára, a tepsi oldalát ütögessük meg, hogy a légbuborékok kiszoruljanak, és simítsuk el a felületet. Hűtsük le 2 órán keresztül, vagy amíg megszilárdul.

BASACH GLAZE:

h) Egy kis tálkában szórjunk zselatint 3 evőkanál hideg vízzel, és hagyjuk 5 percig puhulni. Egy kis serpenyőben keverje össze a befőttet és a pálinkát, forralja fel a keveréket keverés közben, és párolja 1 percig.

i) Vegyük le a serpenyőt a tűzről, adjuk hozzá a zselatin keveréket, keverjük addig, amíg a zselatin fel nem oldódik, és egy finom szitán szűrjük át egy tálba, erősen nyomkodjuk rá a szilárd anyagokat.

ÖSSZESZERELÉS:

j) Körülbelül 2 evőkanál barackmáz kivételével öntsön a habtorta tetejére úgy, hogy teljesen lefedje, és hűtse le a tortát 2 órára, vagy amíg a máz megszilárdul.

k) Amíg a torta hűl, aprítógépben a maradék Genoise réteget finomra morzsoljuk. Pirítsuk meg a morzsákat egy zselésítő serpenyőben, előmelegített, 350 fokos sütőben 5-8 percig, vagy amíg aranybarnák nem lesznek. Lefoglal.

l) A nektarin felét vékony szeletekre vágjuk, és dekoratívan elrendezzük a torta tetején. Kenjük meg a maradék mázzal a nektarinszeleteket, és hűtsük le a tortát lefedve 1 órán át, vagy amíg az újonnan felvitt máz megszilárdul.

m) Fuss körbe egy vékony késsel a serpenyő szélét, és távolítsd el a serpenyő oldalát. Egy viaszpapír lapon dolgozva vonjuk be a torta oldalát a tortamorzsával.

n) Tálalás előtt 20 percig szobahőmérsékleten állni hagyjuk a tortát.

55.Málna mousse sajttorta

ÖSSZETEVŐK:
MÁLNAHAB
- 1½ teáskanál zselatin
- 1½ evőkanál hideg víz
- ½ csésze málna befőtt
- 2 evőkanál cukor
- 1 csésze kemény habtejszín

TÖLTŐ
- 1 font krémsajt; puha
- ½ csésze cukor
- 2 tojás
- ½ teáskanál vanília
- 1 9 hüvelykes csokoládémorzsa kéreg elkészítve

UTASÍTÁS:
a) Melegítsük elő a sütőt 325 ~-ra. Keverje össze a krémsajtot, a cukrot, a tojást és a vaníliát elektromos habverővel, amíg alaposan el nem keveredik, körülbelül 3-4 percig.
b) Öntsük az előkészített héjba. Sütőpapíros tepsire tesszük és 25 percig sütjük. Hűtsük le hűtött hőmérsékletre.

HAB
c) A zselatint meglocsoljuk hideg vízzel, elkeverjük, és 1 percig állni hagyjuk.
d) Micro HIGH-on 30 másodpercig, vagy amíg a zselatin teljesen fel nem oldódik.
e) Keverjük össze a zselatint a befőttekkel. Hűtsük le 10 percig. KRÉM – A tejszínt addig verjük, amíg lágy csúcsok nem lesznek. Adjunk hozzá 2 evőkanál cukrot, és folytassuk a habverést, amíg kemény csúcsok nem lesznek. Mérjünk ki 1-½ c tejszínhabot a habhoz, és tegyük félre.
f) A feltéthez a maradék krémet hűtőbe tesszük. A málnás keveréket óvatosan a kimért tejszínhabba keverjük.
g) A kihűlt sajttorta tetejére kenjük a málnahabot, enyhén a közepén. Tálalás előtt 1 órával hűtsük le.
h) A tálaláshoz vágja a sajttortát 6 adagra, és minden darab tetejére tegyen egy kacsnyi tejszínhabbal.

56. Friss fügehab

ÖSSZETEVŐK:

- 1½ csésze cukor
- 1 csésze Víz
- 1 evőkanál erős vanília kivonat
- 1 narancshéj hosszú fürtje
- 1 egy hüvelykes darab vaníliarúd
- 6 Érett füge ill
- 2 4 oz. üvegekbe tartósított füge
- 1 evőkanál zselatin
- ¼ csésze narancslé
- 1½ csésze krém cukrászda
- 1 csésze kemény tejszín
- 1 teáskanál Erős vanília kivonat
- 3 tojásfehérje
- 1 csipet só
- 1 evőkanál kristálycukor
- Világos héjú narancs reszeléshez

UTASÍTÁS:

a) Tegye a cukrot és a vizet egy serpenyőbe; felforral. Amikor a keverék forr, csökkentse a hőt, és adjon hozzá 1 evőkanál vaníliát, narancshéjat és vaníliarudat. Körülbelül 10 percig főzzük, amíg a keverék szirupos és sűrű lesz. Adjuk hozzá az egész fügét, és pirítsuk kb. 25 percig, vagy amíg villára tűnnek. Menő.

b) Távolítsa el a fügét, és tegye a szirupot, a narancshéjat, a vaníliarudat és a vaníliát egy serpenyőbe 3-4 evőkanál vízzel. Forraljuk 1-2 percig. Tegye vissza a fügét a forró szirupba; kenjük be őket jól mázzal, és hűtsük le.

c) Az összes többi utasítás ugyanaz.) Egy kis tálban keverjük össze a zselatint a narancslével, és tegyük egy serpenyőbe, ahol nem egészen forr a víz. A keveréket alaposan keverjük össze, amíg a zselatin teljesen fel nem oldódik. Amikor a folyadék már egészen szirupos és már nem szemcsés, adjuk hozzá a kihűlt fügekeverékhez.

d) Távolítsa el az egyik fügét a végső díszítéshez, majd tegye a másik gyümölcsöt, a narancshéjat és a szirupot egy turmixgép tégelyébe. A vaníliarudat egy éles késsel középre vágjuk, és a magokat véletlenszerűen belekaparjuk a keverékbe. Keverje nagy sebességgel

körülbelül egy percig, vagy amíg a keverék sűrű, mézszínű püré nem lesz.
e) Egy nagy keverőtálban keverjük össze a kihűlt fügepürét a krémes cukrászdával.
f) Egy lehűtött tálban kemény habbá verjük a tejszínt 1 tk. vaníliakivonat. A tejszínt addig verjük, amíg jól tartja a formáját, de ne verjük túl.
g) A tojásfehérjét egy csipet sóval meghintjük, és kemény habbá verjük. Amikor lágy csúcsok alakulnak ki, szórjunk rá egy evőkanál kristálycukrot, majd verjük keményre, amíg megtartják formájukat.
h) Keverjük össze a fügekeveréket a tejszínhabbal, a tejszínt egy nagy gumitálkaparóval óvatosan dolgozzuk bele a pudingosba. Azonnal forgasd bele a tojásfehérjét.
i) Tedd egy tálba, és tedd hűtőbe körülbelül 4-5 órára. Közvetlenül tálalás előtt reszelje le a világos héjú narancs héját a teljes felületén.
j) Vágja vékony csíkokra a fenntartott fügét, és karikázza meg velük a hab oldalát.

57.Sütés nélküli barackos sifon sajttorta

ÖSSZETEVŐK:
- 2 csésze graham keksz morzsa
- ½ csésze sózatlan vaj, olvasztott
- 1 (8 uncia) csomag krémsajt, lágyítva
- ½ csésze porcukor
- 1 teáskanál vanília kivonat
- 1 csésze kemény tejszín, felvert
- 1 csésze sárgabarack befőtt
- 1 evőkanál zselatint
- ¼ csésze víz

UTASÍTÁS:
k) Kövesse az előző recept 1-6. lépéseit a Graham kekszet héjának és a krémsajtos töltelék elkészítéséhez.
l) Egy kis, mikrohullámú sütőben használható tálban szórjuk rá a zselatint a vízre, és hagyjuk állni 5 percig, hogy megpuhuljon.
m) Mikrohullámú sütőben sütjük a zselatin keveréket körülbelül 20 másodpercig, vagy amíg a zselatin teljesen fel nem oldódik . Hagyjuk kicsit kihűlni.
n) Egy külön tálban verjük fel a kemény tejszínt, amíg lágy csúcsok nem lesznek.
o) A tejszínhabot óvatosan a krémsajtos keverékhez keverjük.
p) A kihűlt zselatines keveréket fokozatosan a krémsajtos keverékhez öntjük, miközben folyamatosan hajtogatjuk.
q) A barack befőttet terítse el a graham keksz héjára.
r) A krémsajtos keveréket a befőttekre öntjük, egyenletesen elosztva.
s) Fedjük le a serpenyőt műanyag fóliával, és tegyük hűtőbe legalább 4 órára vagy egy éjszakára, hogy megdermedjen.
t) Ha megsült, távolítsa el a rugós formából az oldalát , és szeletelje fel a sajttortát a tálaláshoz. Élvezze a puha és kellemes, sütés nélküli barackos sifon sajttortát!

58.Sütés nélküli Matzoh réteges torta

ÖSSZETEVŐK:

- 4-6 szelet csokis macesz
- 2 csésze tejszínhab vagy felvert öntet
- 1 csésze gyümölcs befőtt (például málna vagy eper)
- Friss bogyók a díszítéshez (opcionális)

UTASÍTÁS:

a) Helyezzen egy réteg maceszdarabokat egyetlen rétegben egy tálra vagy tányérra.
b) Egy réteg tejszínhabbal vagy felvert öntettel megkenjük a maceszt.
c) A tejszínhabrétegre terítsünk egy réteg gyümölcskonzervet.
d) Addig ismételjük a rétegezést, amíg el nem fogynak a hozzávalók, a végén egy réteg tejszínhabbal.
e) Hűtőbe tesszük legalább 4 órára vagy egy éjszakára, hogy a macesz megpuhuljon.
f) Tálalás előtt ízlés szerint díszítsük friss bogyós gyümölcsökkel.
g) Szeletelje fel és élvezze ezt a finom és egyedi, sütés nélküli maceszréteg tortát!

59.Sütés nélküli málnás citromszeletek

ÖSSZETEVŐK:

- 2 csésze graham keksz morzsa
- ½ csésze olvasztott vaj
- 16 oz krémsajt, lágyított
- 1 csésze porcukor
- 2 citrom héja
- 1 csésze málna befőtt
- Friss málna díszítéshez

UTASÍTÁS:

h) Egy keverőtálban keverjük össze a graham keksz morzsát és az olvasztott vajat. Addig keverjük, amíg a morzsákat bevonják.
i) Egy téglalap alakú tepsi aljába nyomkodjuk a morzsás keveréket, hogy elkészítsük a héjat.
j) Egy külön tálban a krémsajtot, a porcukrot és a citromhéjat keverjük simára és krémesre.
k) A krémsajtos keveréket a tepsi héjára kenjük.
l) Cseppentsünk kanálnyi málnakonzervet a krémsajtos rétegre, és késsel óvatosan forgassuk össze.
m) Hűtőbe tesszük legalább 4 órára, vagy amíg meg nem áll.
n) Tálalás előtt friss málnával díszítjük.

60.Sütés nélküli friss gyümölcsös pite

ÖSSZETEVŐK:

- 1½ csésze vegán zabpehely süti morzsa
- 1/4 csésze vegán margarin
- 1 kiló kemény tofu, jól lecsepegtetve és préselve (lásd Tofu)
- ¾ csésze cukor
- 1 teáskanál tiszta vanília kivonat
- 1 érett őszibarack kimagozva és 1/4 hüvelykes szeletekre vágva
- 2 érett szilva kimagozva és 1/4 hüvelykes szeletekre vágva
- 1/4 csésze őszibarack befőtt
- 1 teáskanál friss citromlé

UTASÍTÁS:

a) Kenjünk ki egy 9 hüvelykes pitelapot, és tegyük félre. Aprítógépben keverjük össze a morzsát és az olvasztott margarint, és addig dolgozzuk, amíg a morzsa megnedvesedik.
b) A morzsás keveréket az előkészített pitelapba nyomkodjuk. Hűtőbe tesszük, amíg szükséges.
c) A robotgépben keverje össze a tofut, a cukrot és a vaníliát, és dolgozza simára. A tofukeveréket a kihűlt tésztafélékre terítjük, és 1 órára hűtőbe tesszük.
d) Rendezzük el dekoratívan a gyümölcsöt a tofukeverék tetején. Félretesz, mellőz.
e) Egy kis hőálló tálban keverje össze a befőtteket és a citromlevet, és süsse a mikrohullámú sütőbe, amíg fel nem olvad, körülbelül 5 másodpercig. Keverjük össze és csorgassuk rá a gyümölcsöt. Tálalás előtt tegyük hűtőbe legalább 1 órára, hogy a töltelék lehűljön és a máz megdermedjen.

61.Sárgabarack zabpehely Linzer rudak

ÖSSZETEVŐK:
- 2 csésze Quaker zab (gyors vagy régimódi); nyersen)
- 2 csésze őrölt mandula vagy pekándió; megosztott
- 1 csésze univerzális liszt
- ½ teáskanál só;
- 1½ csésze; (3 rúd) vaj, megpuhult
- 1½ csésze plusz 1 evőkanál porcukor; megosztott
- 4 tojássárgája vagy 2 tojás; enyhén megverve
- 2 teáskanál vanília
- ½ teáskanál mandula kivonat
- 1 üveg; (18 uncia) sárgabarack befőtt
- 1 csésze apróra vágott szárított sárgabarack
- 2 evőkanál narancs ízű likőr;

UTASÍTÁS:
a) Melegítsük elő a sütőt 350 F-ra. Enyhén kenjünk ki egy 13 x 9 hüvelykes tepsit.
b) Egy közepes tálban keverje össze a zabot, 1-½ csésze őrölt mandulát, lisztet és sót; jól összekeverni. Félretesz, mellőz. Egy nagy tálban a vajat és 1-½ csésze porcukrot habosra keverjük. Adjunk hozzá tojássárgákat, vaníliát és mandulakivonatot; jól verni.
c) Keverje hozzá a zab keveréket; jól összekeverni. 1-⅓ csésze tartalék; tedd egy kis tálba és tedd félre. A maradék zabkeveréket az előkészített tepsibe terítjük.
d) Süssük 13-15 percig, vagy amíg világos aranybarna nem lesz. Hűtsük 10 percig rácson.
e) Egy kis tálban keverje össze a befőtteket, a sárgabarackot és a likőrt; jól összekeverni. Egyenletesen elosztjuk a részben megsült héjon. Adja hozzá a fennmaradó ½ csésze őrölt mandulát a fenntartott zabkeverékhez; jól összekeverni. Csökkentse ¼ teáskanálnyit egyenletesen a sárgabarack keverékre.
f) Süssük 30-35 percig, vagy amíg világos aranybarna nem lesz. Egy serpenyőben, rácson teljesen kihűtjük. Egyenletesen megszórjuk a maradék 1 evőkanál porcukorral.
g) Rúdokra vágjuk. Tárolja szorosan lefedve.

62. Mogyoróvaj és lekvár csavarja

ÖSSZETEVŐK:

- ½ csésze tej
- ½ csésze cukor
- 1½ teáskanál Só
- ¼ csésze vaj
- ½ csésze meleg víz
- 2 csomag élesztő
- 2 tojás
- 4½ csésze szitálatlan liszt
- ¾ csésze Planters Krémes mogyoróvaj
- ¾ csésze őszibarack lekvár vagy befőtt
- 6 evőkanál Fleischmann margarin

UTASÍTÁS:

a) Forrázott tej; keverjük hozzá a cukrot, a sót és a ¼ csésze Fleischmann-margarint. Langyosra hűtjük.
b) Mérjünk meleg vizet egy nagy meleg tálba. Szórjuk bele az élesztőt; feloldódásig keverjük.
c) Adjunk hozzá langyos tejkeveréket, tojást és 3 csésze lisztet; simára verjük. Adjunk hozzá annyi lisztet, hogy kemény tésztát kapjunk. Enyhén lisztezett deszkára borítjuk; 8-10 perc alatt simára és rugalmasra gyúrjuk.
d) Kiolajozott tálba tesszük, zsíros tetejére fordítjuk. Borító; meleg helyen duplájára kelesztjük (1 óra).
e) Közben elkészítjük a tölteléket. Keverjük össze a mogyoróvajat, a baracklekvárt és a 6 evőkanál lágy margarint. Verjük simára; félretesz, mellőz.
f) Szúrja le a tésztát; oszd ketté. Mindegyik felét 12x15 hüvelykes téglalappá tekerjük. Vágja mindegyik téglalapot húsz 3 hüvelykes négyzetre.
g) Tegyünk körülbelül 2 teáskanál tölteléket minden négyzet közepére. Fedje át a két ellentétes sarkot; szorosan zárjuk le.
h) Kikent tepsire tesszük. Hagyjuk duplájára kelni (1 óra).
i) 375 fokon kb 15 percig sütjük. Rácsokon hűtsük le.

63.Mogyoróvajas és zselés sütemény - boszorkány

ÖSSZETEVŐK:

- ½ csésze mogyoróvaj
- 1¼ csésze hideg tej
- 1 csomag (4 adagos) Jell-O instant puding és pite töltelék; vanília vagy vajas ízű
- ½ csésze zselé vagy befőtt
- 1 font torta cipó (körülbelül 12 uncia); 16 szeletre vágjuk
- Csokoládé szitálás

UTASÍTÁS:

a) A mogyoróvajat egy kis tálban simára keverjük. Fokozatosan keverjük hozzá a tejet. Add hozzá a puding keveréket. Verjük fel dróthabverővel vagy elektromos mixer alacsony sebességén, amíg jól el nem keveredik, 1-2 percig. Hűtsük le 15 percig.

b) Kenje meg zselével vékonyan a tortaszeletek ½ felét. A maradék tortaszeleteket megkenjük a pudingos keverékkel. Készítsünk szendvicseket tortaszeletekkel. Hideg.

c) Formákra vágva; csokoládécseppekkel díszítjük.

d) Csokoládécsepp: Helyezzen 1 négyzet alakú Baker's félédes csokoládét egy kis műanyag szendvicszacskóba vagy önzáró zacskóba. Mikrohullámú sütőben HIGH körülbelül 1 percig, vagy amíg a csokoládé elolvad. Hajtsa szorosan a táska tetejét, és vágja le az egyik sarkát (körülbelül ⅛ hüvelyk).

e) Szorosan fogja meg a zacskót a tetején, és csorgassunk csokoládét a nyíláson keresztül a süteményekre.

64.PB és J szójafagylalt

ÖSSZETEVŐK:
- 1 evőkanál plusz 2 teáskanál tápiókakeményítő
- 2-½ csésze szójatej vagy kendertej (teljes zsír)
- 1 teáskanál kókuszolaj
- 2 teáskanál vanília kivonat
- 3 evőkanál tejszínes, sótlan természetes mogyoróvaj
- ¼ csésze jó minőségű lekvár vagy választott befőtt

UTASÍTÁS:

a) Egy nagy serpenyőben keverjük össze a cukrot és a tápiókakeményítőt, és keverjük addig, amíg a keményítő bele nem kerül a cukorba. Felöntjük a tejjel, kevergetve beledolgozzuk. Közepes lángon forraljuk fel a keveréket, gyakran kevergetve.

b) Amikor eléri a forrást, mérsékelje a hőt közepesen alacsonyra, és folyamatosan keverje, amíg a keverék besűrűsödik és bevonja a kanál hátát, körülbelül 5 percig. Lehúzzuk a tűzről, hozzáadjuk a kókuszolajat és a vaníliát, és összekeverjük.

c) Tegye a keveréket egy hőálló tálba, és hagyja teljesen kihűlni. 3} Kis edényekben keverje simára a mogyoróvajat és a lekvárt. Előfordulhat, hogy egy kis csepp olajat (olyan semlegeset, mint a növényi olaj) kell hozzáadnia a mogyoróvajhoz, hogy sima legyen.

d) Öntse a fagylalt alapot egy 1-½-es vagy 2 literes fagylaltkészítő táljába, és dolgozza el a gyártó utasításai szerint. Ha kész a fagylalt, egyharmadát fagyasztható edénybe kanalazzuk, majd hozzáadjuk a sima mogyoróvaj felét és a lekvár felét.

e) Hozzáadjuk a fagylalt másik harmadát, majd rátesszük a mogyoróvaj maradék felét és a lekvárt.

f) A tetejére kenjük a fagylalt utolsó harmadát, majd vajkést húzunk át a keveréken kétszer vagy háromszor, hogy megforgatjuk. A szendvicsek összeállítása előtt légmentesen záródó edényben tárolja a fagyasztóban legalább 2 órán keresztül.

A SZENDVICSEK KÉSZÍTÉSÉHEZ

g) Hagyja kissé megpuhulni a fagylaltot, hogy könnyebb legyen kikanalazni. Helyezze a kekszek felét, aljával felfelé, tiszta felületre.

h) Minden sütemény tetejére kanalazzon egy bőséges gombóc fagylaltot, körülbelül ½ csészét. A fagylalt tetejét megkenjük a maradék kekszekkel, úgy, hogy a sütemény alja érintse a fagylaltot.

i) Finoman nyomja le a sütiket, hogy kiegyenlítse őket.

j) Csomagoljon minden szendvicset műanyag fóliába vagy viaszpapírba, és tálalás előtt tegye vissza a fagyasztóba legalább 30 percre.

65.Sütés nélküli friss gyümölcsös pite

ÖSSZETEVŐK:

- 1 1/2 csésze vegán zabpehely süti morzsa
- 1/4 csésze vegán margarin
- 1 kiló kemény tofu, jól lecsepegve és préselve (lásd Tofu)
- ¾ csésze cukor
- 1 teáskanál tiszta vanília kivonat
- 1 érett őszibarack kimagozva és 1/4 hüvelykes szeletekre vágva
- 2 érett szilva kimagozva és 1/4 hüvelykes szeletekre vágva
- 1/4 csésze őszibarack befőtt
- 1 teáskanál friss citromlé

UTASÍTÁS:

a) Egy 9 hüvelykes pitelapot kivajazunk és félretesszük. Aprítógépben keverjük össze a morzsát és az olvasztott margarint, és addig dolgozzuk, amíg a morzsa megnedvesedik.

b) A morzsás keveréket az előkészített pitelapba nyomkodjuk. Hűtőbe tesszük, amíg szükséges.

c) A robotgépben keverje össze a tofut, a cukrot és a vaníliát, és dolgozza simára. A tofukeveréket a kihűlt tésztafélékre terítjük, és 1 órára hűtőbe tesszük.

d) Rendezzük el dekoratívan a gyümölcsöt a tofukeverék tetején. Félretesz, mellőz.

e) Egy kis hőálló tálban keverje össze a befőtteket és a citromlevet, és süsse a mikrohullámú sütőbe, amíg fel nem olvad, körülbelül 5 másodpercig. Keverjük össze és csorgassuk rá a gyümölcsöt.

f) Tálalás előtt tegyük hűtőbe legalább 1 órára, hogy a töltelék lehűljön és a máz megdermedjen.

66. Epres kézi pite

ÖSSZETEVŐK:

- 1 Ragaszd fel a vajat
- 1¼ csésze cukor
- 1 tojás
- 3 uncia krémsajt
- 2 teáskanál író
- 3 csésze univerzális liszt
- ¼ teáskanál szódabikarbóna
- 1 teáskanál Sütőpor
- ½ teáskanál Só
- 1 csésze eper befőtt
- 2 csésze kockára vágott friss eper
- 1 teáskanál citromlé
- 2 teáskanál citromhéj

UTASÍTÁS:

a) A tésztához a vajat és a cukrot elektromos habverővel habosra keverjük. Adjuk hozzá a tojást és a krémsajtot, jól keverjük össze.
b) Adjuk hozzá az írót és keverjük össze. Lassan keverjük hozzá a lisztet, hogy tésztát kapjunk. Adjuk hozzá a szódabikarbónát, a sütőport és a sót.
c) Jól turmixold össze, majd kézzel gyúrd össze a tésztát, formálj belőle labdát. A tésztát 1 órára hűtőbe tesszük. A piték elkészítéséhez nyújtsuk ki a tésztát, és vágjunk hat darab 6 hüvelykes kört.
d) Készítse el a tölteléket az eper befőtt, a friss eper, a citromlé és a citromhéj összekeverésével.
e) Mindegyik tésztakör egyik oldalára kanalazunk 3 evőkanál tölteléket. Hajtsa rá a tiszta oldalát, és villával nyomja össze a széleit.
f) Süssük 375 fokon 20 percig, amíg aranybarna nem lesz.

67.Epres felhőpite

ÖSSZETEVŐK:
KÉREG
- 1 1/4 csésze univerzális liszt
- 1/4 teáskanál só
- 1/2 teáskanál cukor
- 1/2 csésze vegán margarin, apróra vágva
- 3 evőkanál jeges víz

TÖLTŐ
- 1 (12 uncia) csomag szilárd selymes tofu, lecsepegtetve és préselve
- ¾ csésze cukor
- 1 teáskanál tiszta vanília kivonat
- 2 csésze szeletelt friss eper
- 1/2 csésze eper befőtt
- 1 evőkanál kukoricakeményítő 2 evőkanál vízben feloldva

UTASÍTÁS:
a) A kéreg elkészítése: Egy robotgépben keverje össze a lisztet, a sót, a cukrot és a hüvelyeseket. Adjuk hozzá a margarint, és dolgozzuk omlósra.

b) Járó gép mellett öntse bele a vizet, és dolgozza fel lágy tésztává. Ne keverje túl. A tésztát laposra simítjuk és műanyag fóliába csomagoljuk.

c) 30 percre hűtőbe tesszük. Melegítsük elő a sütőt 400°F-ra.

d) Enyhén lisztezett munkafelületen nyújtsuk ki a tésztát körülbelül 10 hüvelyk átmérőjűre. Helyezze a tésztát egy 9 hüvelykes pitelapba. Vágja le és vágja le a széleket. A tészta aljába villával lyukakat szúrunk. 10 percig sütjük, majd kivesszük a sütőből és félretesszük. Csökkentse a sütő hőmérsékletét 350 °F-ra.

e) A töltelék elkészítése: Turmixgépben vagy robotgépben keverje össze a tofut, a cukrot és a vaníliát, és turmixolja simára. Beleöntjük az előkészített tésztába.

f) 30 percig sütjük. Vegyük ki a sütőből és tegyük félre hűlni 30 percre.

g) A felszeletelt epret díszmintázatosan a pite tetejére rendezzük úgy, hogy az egész felületet ellepje. Félretesz, mellőz.

h) A befőtteket turmixgépben vagy robotgépben pürésítjük, és közepes lángon áttesszük egy kis serpenyőbe. Keverje hozzá a kukoricakeményítő keveréket, és folytassa a keverést, amíg a keverék besűrűsödik.

i) Az eper mázat kanalazzuk a pitére. Tálalás előtt tegyük hűtőbe legalább 1 órára, hogy a töltelék lehűljön és a máz megdermedjen.

68. Pink Limonádé - Eper Szarvasgomba

ÖSSZETEVŐK:
- 16 uncia temperált fehér csokoládé, osztva
- 6 evőkanál vaj, megpuhult
- 1 evőkanál citromhéj
- 1 teáskanál rózsaszín limonádé
- ⅓ teáskanál borkősav
- Csipet só
- 2 evőkanál eper befőtt

UTASÍTÁS:
a) Keverje össze a vajat 10 uncia temperált csokoládéval, amíg a keverék jól össze nem áll.
b) Adjuk hozzá a többi hozzávalót és jól keverjük össze.
c) Csővelje a ganache-t 1 hüvelykes négyzet alakú formákba.
d) Hagyja állni a pulton, vagy tegye a hűtőszekrénybe 20 percre, hogy megszilárduljon.
e) Mártsuk a szarvasgombát a maradék 16 uncia temperált fehér csokoládéba.
f) Díszítse úgy, hogy minden egyes szarvasgomba tetejére helyezzen egy rózsaszín-sárga kakaóvajas transzferlapot, mielőtt mártogatná a következőt.
g) Hagyja hűvös helyen 10-20 percig, mielőtt leveszi a transzfer lapot.
h) tárolja szobahőmérsékleten, sötét helyen, szagtól és hőtől távol.

69. Könnyű gyümölcskerekek

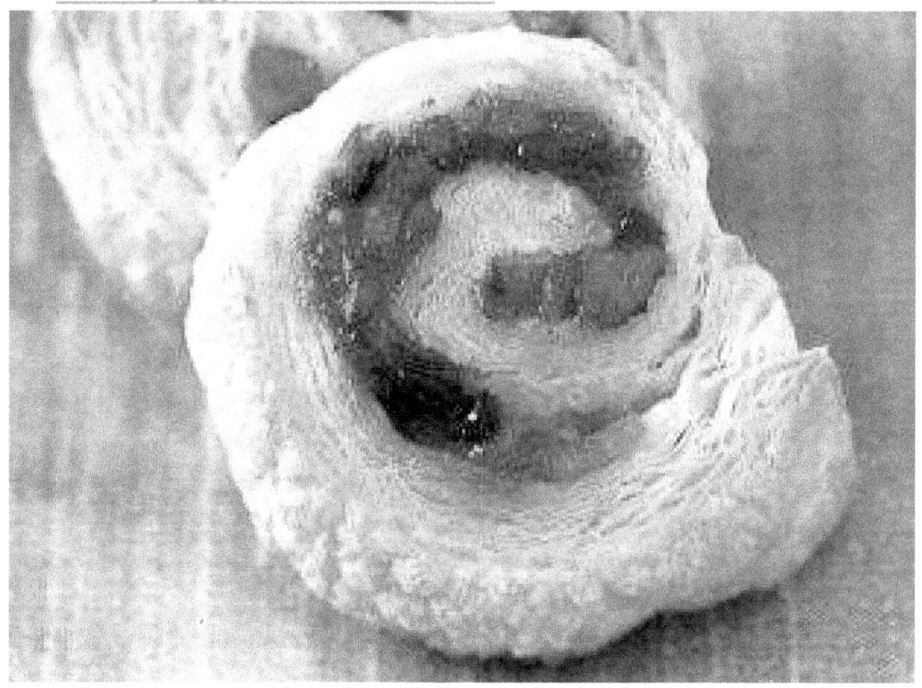

ÖSSZETEVŐK:

- 1 fagyasztott leveles tésztalap; felengedve
- ½ csésze cukor; (ról ről)
- ½ csésze lekvár vagy befőtt; (ról ről)

UTASÍTÁS:

a) Melegítsük elő a sütőt 400 F-ra. A tésztalapot egy munkafelületen kinyújtjuk, hogy eltávolítsuk a gyűrődéseket.
b) A tésztát megkenjük vízzel. 1 szélétől kezdve, szorosan zselés tekercs módra tekerjük fel a tésztát.
c) Vágja a tésztát bő, ¼ hüvelyk vastag körökre.
d) A cukrot egy tányérra tesszük és 1 kört belenyomunk a cukorba. Sütőpapíros tepsire tesszük körbe, a cukorral felfelé, a végét alul. Ismételje meg a többi tésztakörrel. Nyomd meg a kör közepét az ujjaddal, hogy egy kis üreg alakuljon ki.
e) Az üregbe kanalazunk 1 teáskanál lekvárt. A süteményeket további cukorral megszórjuk.
f) Süssük a péksüteményeket aranybarnára, körülbelül 20 perc alatt. Rácsokon hűtsük.

70.Mozzarella, Prosciutto és Fügelekvár

ÖSSZETEVŐK:
- 4 puha francia vagy olasz tekercs (vagy félig sült, ha van)
- 10-12 uncia friss mozzarella, vastagon szeletelve
- 8 uncia prosciutto, vékonyra szeletelve
- ¼-½ csésze fügelekvár vagy fügelekvár, ízlés szerint
- Puha vaj kenyérre kenéshez

UTASÍTÁS:
a) Minden tekercset kettévágunk, és rákenjük a mozzarellával és a prosciuttoval. A felső szeleteket megkenjük fügelekvárral, majd lecsukjuk.
b) Minden szendvics külsejét vékonyan kivajazzuk.
c) Melegíts fel egy nehéz tapadásmentes serpenyőt vagy paniniprést közepesen magas lángon. Helyezze a szendvicseket a serpenyőbe, két adagban dolgozva a serpenyő méretétől függően.
d) Nyomja meg a szendvicseket, vagy zárja be a grillsütőt, és pirítsa meg, egyszer-kétszer megfordítva, amíg a kenyér ropogós nem lesz, a sajt pedig elolvad. Bár a tekercsek kereknek indulnak, lenyomva lényegesen laposabbak és könnyen megfordíthatók, bár óvatosan.

71.Csokoládé málna örvényfagylalt

ÖSSZETEVŐK:

- ½ csésze könnyű agave nektár
- 2 uncia cukrozatlan csokoládé, apróra vágva
- 3 csésze vaníliás mandulatej, osztva
- ⅓ csésze kakaópor
- 1 csipet só
- 1 csésze csomagolt tengeri moha, tisztítva és áztatva
- 1 üveg (12 uncia Jar) málna befőtt

UTASÍTÁS:

a) Egy kis edényben a lehető legalacsonyabb lángon melegítsük fel az agávénektárt az apróra vágott csokoládéval, folyamatosan kevergetve, amíg a csokoládé fel nem olvad. Levesszük a tűzről és félretesszük.

b) Egy turmixgépben keverjen össze 1 csésze mandulatejet, kakaóport, sót és tengeri mohát. Keverje a legnagyobb sebességgel 1 percig, vagy amíg teljesen sima nem lesz.

c) Adja hozzá az agavé/csokoládé keveréket a turmixgéphez, és turmixolja simára. Öntse a keveréket egy nagy tálba, és keverje hozzá a maradék 2 csésze mandulatejet, amíg el nem keveredik. Fedjük le a tálat, és tegyük hűtőszekrénybe néhány órára, vagy amíg jól kihűl.

d) A fagylaltkészítőben a gyártó utasításai szerint dolgozza fel. Vegye ki a fagylaltot a gépből, és csomagolja be egy fagyasztótartályba.

e) Cseppentsünk egy teáskanálnyi málnakonzervet a fagylaltra, majd nyomjuk bele.

f) Fagyassza le néhány órára, amíg megszilárdul.

72. Parisienne gyümölcstorta

ÖSSZETEVŐK:
- 10 uncia csomag fagyasztott pogácsahéj
- Cukor
- 1 csésze Tej
- 1 csésze Tejszín
- 4 uncia csomag vanília ízű lágy desszert keverék
- 2 banán
- 2 evőkanál Citromlé
- ⅓ csésze Sárgabarack befőtt
- 2 bögre Mag nélküli zöld szőlő, megmosva
- 8¼ uncia szeletelt ananász, lecsepegtetve.

UTASÍTÁS:
a) Vegye ki a pogácsa héját a csomagolásból. Felengedjük szobahőmérsékleten fél órán keresztül.
b) Enyhén lisztezett felületen hosszában enyhén átfedő tésztalapokat helyezünk el. Tekerjük 16x4 hüvelykes téglalappá.
c) Helyezze egy zsírozatlan nagy sütilapra; egyenletesen vágja le a széleket; villával jól megszurkáljuk; hűtsük le 30 percig.
d) A paszományokat vékonyan tekerjük át; vágjuk ½ hüvelyk széles, körülbelül 4 hüvelyk hosszú csíkokra; ecset vízzel; nyomja össze a végeit, hogy gyűrűket készítsen.
e) A karikákat megkenjük vízzel, majd mártsuk cukorba; helyezzük a tepsire a tészta téglalapjával együtt.
f) Süssük a tésztát és a tésztakarikát a sütőben 400 fokon 10 percig. tartalék gyűrűk díszítéshez.
g) Süssük a téglalapot 10 perccel tovább, vagy amíg aranybarna nem lesz.
h) Távolítsa el a rácsra; menő.
i) Keverje össze a tejet, ¼ csésze tejszínt és a desszertekeveréket egy kis mély tálban; beüt, kövesse a címke utasításait. Hűtsük le 15 percig.
j) Hámozza meg és vágja fel a banánt ¼ hüvelyk vastag szeletekre. Meglocsoljuk a fél citrom levével.
k) A tésztát két rétegre osztjuk.
l) Helyezze az alsó réteget egy hosszú tálalóedényre vagy deszkára; megkenjük a lágy desszert körülbelül ⅔ részével; rendezze el a banánszeleteket a hosszú oldalsó széleken; megkenjük a maradék desszert keverékkel.
m) A tetejére helyezzük a második tésztaréteget.

n) A sárgabarack befőtteket a maradék citromlével felmelegítjük, amíg megolvad egy serpenyőben; kissé lehűtjük. Kenjük meg az egész tortát.
o) A maradék tejszínt egy tálban kemény habbá verjük.
p) Papírozzuk vagy megkenjük tejszínhabbal a tészta tetejét.
q) Rendezzünk szép szőlősorokat krémbe, a külső szélétől kezdve.
r) Az ananászszeleteket félbevágjuk, és a közepére tesszük.
s) Fenntartott tésztakarikákkal díszítjük.

73. Mandulás torta

ÖSSZETEVŐK:
- Cukrászsütemény
- ½ csésze kemény tejszín
- ⅓ csésze cukor
- 1 teáskanál reszelt narancshéj
- ¼ teáskanál mandula kivonat
- 1 csésze szeletelt mandula
- Tejszínhab a díszítéshez
- Málna befőtt

UTASÍTÁS:
a) legalább 2 lisztet készítsen süteményt.
b) Amikor a tészta kihűlt, melegítse elő a sütőt 375'F-ra. Lisztezett viaszos papírlapok között nyújtsuk ki a tésztát 11 hüvelykes körré. Illessze egy 9 hüvelykes, kivehető aljú bordázott tortaformába.
c) Vágja le a tésztát még a tepsi szélével is.
d) Szurkáljuk meg a tészta alját és oldalát.
e) Helyezze a tortaformát a peremes tepsire. A tészta héját kibéleljük alufóliával, és megtöltjük pitenehezékkel. 8 percig sütjük; vegye ki a tepsit a sütőből, és emelje ki a fóliát és a súlyokat. Tegye vissza a tésztát a sütőbe, és süsse 4 perccel tovább. Félretesszük egy rácsra hűlni.
f) Közben egy tálban, közepes sebességű elektromos habverővel keverjük össze a tejszínt, a cukrot, a héjat és a kivonatot, amíg a cukor fel nem oldódik. Forgassuk bele a mandulát.
g) A mandulás keveréket egyenletesen kanalazzuk a tésztahéjba. Tegyük vissza a sütőbe, és süssük 20-25 percig, vagy amíg a töltelék aranybarna nem lesz. Hűtsük le szobahőmérsékletre egy rácson.
h) Ha a torta kihűlt, ha szükséges, a külső szélén tejszínhabot kanalazunk; keverjük össze a befőtteket, és csepegtessük rá a tejszínt. 12 szeletre vágjuk és tálaljuk.
i) Sütemény: Egy tálban keverj össze 1 C szitálatlan univerzális lisztet, ½ t sót és ½ t cukrot. Egy turmixgéppel vagy 2 késsel vágjunk bele 6 T sótlan vajat és 2 T zöldséglevest, amíg a keverék durva morzsára nem hasonlít.
j) Fokozatosan adjunk hozzá 2½–3 T jeges vizet a lisztes keverékhez, villával enyhén keverjük addig, amíg a tészta elég nedves lesz ahhoz, hogy golyót formázzon. Kézzel gömbölyítsd és 1 hüvelyk vastagságúra lapítsd. Használat előtt legalább 2 lisztet csomagoljon be és hűtse le.

74.Mandulás-barack torták

ÖSSZETEVŐK:

- ½ csésze vaj
- 3 uncia krémsajt
- ⅓ csésze vaj
- ½ csésze cukor
- 1 db tojás
- ½ teáskanál vanília csomag megpuhult
- 1 csésze univerzális liszt
- ⅔ csésze durvára őrölt pirított blansírozott mandula
- ⅓ csésze sárgabarack befőtt
- szeletelj mandulát

UTASÍTÁS:

a) TÉSZTA: A ½ csésze vajat és a krémsajtot elektromos keverővel 30 másodpercig keverjük. Belekeverjük a lisztet. Fedjük le és hűtsük le 1 órát.
b) TÖLTÉS: A fél csésze vajat elektromos keverővel 30 másodpercig verjük. Belekeverjük a cukrot, majd a tojást és a vaníliát.
c) Hozzákeverjük az őrölt mandulát. Nyomjon 1-1 evőkanál tésztát egyenletesen tizennyolc 2–2,5 hüvelykes tortaforma aljára és oldalára.
d) Minden tortára kanalazunk 1 teáskanál mandulás tölteléket.
e) Sütőlapon 20-25 percig sütjük 350 F-os sütőben. Hűtsük le a tortákat a serpenyőben körülbelül 10 percig. Közben a barackos befőtteket melegítsük fel és keverjük alacsony lángon, amíg elolvad.
f) Vegye ki a tortákat a formákból, és helyezze rácsokra. Amíg a torták még melegek, kenjük meg a tölteléket az olvasztott befőttekkel.
g) Ízlés szerint szeletelt mandulával díszítjük. Menő.

75. Ricotta és málnás gofri

ÖSSZETEVŐK:
- 2 csésze univerzális liszt
- 2 evőkanál polenta
- 2 evőkanál fehér cukor
- ¾ teáskanál szódabikarbóna
- ¾ teáskanál pelyhes só
- 2 csésze író
- 2 nagy tojás
- ⅔ csésze ricotta
- 1 teáskanál tiszta vanília kivonat
- ½ csésze növényi olaj
- ¼ csésze málnalekvár/befőtt

UTASÍTÁS:
a) Keverje össze a száraz hozzávalókat egy nagy keverőtálban; addig keverjük, amíg jól el nem keveredik. Egy nagy mérőpohárban vagy egy külön keverőtálban keverje össze az írót, a tojást, a ricottát, a vaníliakivonatot és az olajat; habverővel összekeverjük.

b) Adjuk hozzá a folyékony hozzávalókat a száraz hozzávalókhoz, és keverjük simára. A lekvárt/befőtteket a tésztára kenjük, és összeforgatjuk.

c) Melegítse elő a gofrisütőt a kívánt fokozatra (előmelegítéskor hangjelzés hallható).

d) Lassan öntsön egy kevés tésztát a kifolyó tetején, ügyelve arra, hogy a tészta befolyjon a gofrisütőbe, és ne egyszerre töltse meg a kifolyót tésztával.

e) Amikor megszólal a hang, a gofri készen áll. Óvatosan nyissa ki a gofrisütőt, és vegye ki a megsült gofrit.

f) Zárja le a gofrisütőt, és ismételje meg a maradék tésztával.

SAVANYÚSÁG

76.Kapros savanyú tészta saláta

ÖSSZETEVŐK:
- Főtt tészta (bármilyen formában)
- Kockára vágott kapros savanyúság
- Cseresznye paradicsom, félbevágva
- Vágott vöröshagyma
- Kockára vágott kaliforniai paprika (bármilyen színű)
- Apróra vágott friss kapor
- Majonéz
- dijoni mustár
- Só és bors ízlés szerint

UTASÍTÁS:
a) Egy nagy tálban keverje össze a főtt tésztát, a kockára vágott savanyúságot, a koktélparadicsomot, a lilahagymát, a kaliforniai paprikát és a friss kaprot.
b) Egy kis tálban keverjük össze a majonézt és a dijoni mustárt. Állítsa be az arányt ízlése szerint.
c) Adjuk hozzá az öntetet a tésztához, és addig keverjük, amíg minden jól be nem vonódik.
d) Ízlés szerint sózzuk, borsozzuk.
e) Tálalás előtt hűtsük le.

77.Pácolt sült csirke

ÖSSZETEVŐK:

- Csirkedarabok (comb, comb vagy mell)
- Pácolt sólé
- Liszt
- Só, bors
- Olaj a sütéshez

UTASÍTÁS:

a) Pácold a csirkedarabokat pácolt sós lében legalább 4 órán keresztül vagy egy éjszakán át.
b) Vegye ki a csirkét a sós léből, és szárítsa meg.
c) A csirkemellet liszt, só és bors keverékében megforgatjuk.
d) Aranybarnára sütjük és átsütjük.

78.Páccal és sajttal töltött perec falatok

ÖSSZETEVŐK:
- Perec tészta (bolti vagy házi készítésű)
- Kockára vágott kapros savanyúság
- Kocka cheddar vagy paprika sajt
- Tojásmosás (1 tojást kevés vízzel felverünk)
- Durva só

UTASÍTÁS:
a) Kis adagokat nyújtunk ki a perec tésztából.
b) Tegyünk a közepére egy kocka sajtot és néhány kockára vágott savanyúságot.
c) A tésztát ráhajtjuk a töltelékre, a széleket lezárjuk.
d) Lekenjük tojássárgájával és megszórjuk durva sóval.
e) Süssük a perec tészta utasítása szerint.

79.Pickle és sonka Pinwheels

ÖSSZETEVŐK:

- Lisztes tortilla
- Krémsajt
- Kockára vágott kapros savanyúság
- Vékonyra szeletelt sonka

UTASÍTÁS:

a) A lisztes tortillára kenjünk egy réteg krémsajtot.
b) Rétegezzük szeletelt sonkával és kockára vágott savanyúsággal.
c) A tortillát szorosan feltekerjük.
d) Kerekekre szeleteljük és fogpiszkálóval rögzítjük.

80.All-amerikai hamburgerek

ÖSSZETEVŐK:
BURGEREK
- 1 kis hagyma, apróra vágva
- Kóser só és frissen őrölt fekete bors
- ¾ font darált marhahús (80% sovány)
- 2 burgonyás burger zsemle, vízszintesen félbevágva
- 1 evőkanál sótlan vaj
- 4 szelet amerikai sajt
- ¼ csésze lecsepegtetett Pour-Over savanyúság
- ½ csésze lazán csomagolt, finomra aprított saláta

KÜLÖNLEGES SÓSZ
- ½ csésze majonéz
- ¼ csésze ketchup
- 2 evőkanál édes savanyúság íze, lecsepegtetve
- ½ teáskanál mustárpor (például Colman's)
- ½ teáskanál fokhagymapor
- ½ teáskanál hagymapor
- ¼ teáskanál cukor

UTASÍTÁS:

a) Szárítsuk meg a hagymát. Melegítse elő a sütőt 325 °F-ra. Egy kis tepsiben terítsd el a hagymát egyetlen, egyenletes rétegben. Sózzuk, borsozzuk. Süssük 25-27 percig, amíg össze nem zsugorodik, és a széle körül éppen kezd barnulni. Kivesszük a sütőből és félretesszük hűlni.

b) Formázzuk a hamburgereket. Helyezze a darált marhahúst egy nagy tálba, és ízesítse ½ teáskanál sóval és ¼ teáskanál borssal. Kezével óvatosan keverje össze , amíg össze nem áll. A marhahúst 4 egyforma golyóra osztjuk. Helyezze a golyókat néhány centiméterre egymástól, két réteg viaszos papír közé. Nyomjuk a golyókat vékony, ½ hüvelyk vastagságú, 4½ hüvelyk átmérőjű pogácsákká. A pogácsákat legalább 5 percre hűtőbe tesszük.

c) Készítsd el a szószt. Egy kis tálban keverjük össze a majonézt, a ketchupot, az ízesítőt, a mustárport, a fokhagymaport, a hagymát és a cukrot. Sózzuk, borsozzuk.

d) Pirítsuk meg a zsemlét. Melegíts fel egy nagy öntöttvas serpenyőt közepesen magas hőmérsékleten. Tételekben dolgozva pirítsuk meg a zsemléket száraz serpenyőben, vágott oldalukkal lefelé 1-2 percig, amíg enyhén meg nem pirulnak. Vigye át tiszta, száraz munkafelületre. A zsemle alját és tetejét vékonyan megkenjük mártással.

e) Főzzük meg a hamburgert. Vegye ki a pogácsákat a hűtőszekrényből. Ugyanabban a serpenyőben, ahol a zsemléket pirítottam, olvasszuk fel a vajat közepesen magas hőmérsékleten. Közvetlenül főzés előtt fűszerezzük a pogácsák tetejét sóval. Helyezzen két pogácsát a serpenyőbe, sós oldalával lefelé. A tetejét sóval ízesítjük. 2 percig sütjük az első oldalán, vagy amíg meg nem pirul. Fordítsa meg a hamburgert, és süsse még 1 percig, vagy amíg meg nem pirul. Tegyük a zsemle aljára, és azonnal tegyük meg minden hamburgert egy szelet sajttal. Helyezze a maradék két pogácsát a serpenyőbe, sós oldalával lefelé. A tetejét sóval ízesítjük. 2 percig sütjük az első oldalán, vagy amíg meg nem pirul. A hamburgereket megfordítjuk, és mindegyik tetejére egy-egy szelet sajtot teszünk. Főzzük még 1 percig, vagy amíg megpirul és a sajt megolvad. A megfőtt pogácsákat azonnal tegyük át a sajttal bevont hamburgerekre. 1 percig állni hagyjuk, hogy a felső pogácsán megolvadjon a sajt az alsó pogácsán.

f) Összeállítjuk a hamburgereket. Mindegyik burger tetejére tegyen 1 evőkanál hagymát, néhány szelet savanyúságot, egy kis marék salátát és a zsemle tetejét. Tegyük tálalótányérokra és tálaljuk.

81.Copycat az N' Out Burgerben

ÖSSZETEVŐK:
BURGEREK:
- 1 font darált marhahús (80/20 előnyös)
- Só, bors
- 4 szelet, sárga amerikai sajt

SZÓSZOSSÁGOK_
- ⅓ csésze Mayo
- 1 evőkanál cukormentes ketchup
- 1 teáskanál mustár
- 2 evőkanál kockára vágott savanyúság
- 1-2 teáskanál páclé
- ½ teáskanál só
- ½ teáskanál paprika
- ½ teáskanál fokhagyma por

FELTÉTELEK:
- Jégsaláta "zsemle"
- Szeletelt paradicsom
- Savanyúság
- ½ sárgahagyma, vékonyra szeletelve
- Opcionális – Intelligens zsemle

UTASÍTÁS:

a) Kezdje a szósz elkészítésével. Egy kis tálban keverjük össze a majonézt, a cukormentes ketchupot, 1 teáskanál mustárt, a kockára vágott savanyúságot, a savanyúság levét és a fűszereket. Keverjük össze és teszteljük az ízét. Az ízek idővel jobban összeolvadnak, így nyugodtan módosíthatja.

b) A hamburgerpogácsák elkészítéséhez mérjünk ki 2 uncia húst pogácsánként, és forgassuk húsgombócba. Ismételje meg, hogy összesen 10 húsgombóc legyen. A tetejét tengeri sóval és törött fekete borssal ízesítjük.

c) Melegítse elő az öntöttvasat/serpenyőt magas hőfokra. Ha szükséges, adjunk hozzá egy kevés olajat a serpenyőbe. Tegyünk két húsgombócot a rácsra vagy serpenyőre, használjunk széles spatulát, és nyomjuk le.

d) A tetejét (opcionális) kenjük meg mustárral, mielőtt megfordítanák. Dolgozz gyorsan. Amikor a széle barnulni látszik, fordítsa meg őket.

e) Helyezzen egy darab amerikai sajtot az egyik burgerpogácsára, és halmozza rá a második pogácsát.

f) Az összeállításhoz kezdjük egy alsó salátadarabbal, adjuk hozzá a felszeletelt hagymát, a duplán halmozott burgerpogácsát, a paradicsomot, a savanyúságot és a szószt.

g) Fedjük be a második saláta zsemlével és ássuk bele!

82. Cubanos

ÖSSZETEVŐK:
- 4 (6 hüvelykes) hős tekercs
- ¼ csésze (½ rúd) sózatlan vaj, szobahőmérsékleten
- 4 teáskanál dijoni mustár
- ¼ csésze majonéz
- ½ font vékonyra szeletelt svájci sajt
- 1 csésze lecsepegtetett Pour-Over savanyúság vagy vékonyra szeletelt kapros savanyúság
- ½ font vékonyra szeletelt maradék sertés lapocka
- ½ font vékonyra szeletelt prosciutto cotto

UTASÍTÁS:
a) Vajja ki a kenyeret. A tekercseket vízszintesen kettévágjuk. Mindegyik fél külsejét megkenjük vajjal. Lapos tepsire tesszük, vágott oldalával felfelé.
b) Építsd meg a szendvicset. Minden tekercs alját megkenjük 1 teáskanál mustárral, a tetejét pedig 1 evőkanál majonézzel. A sajtszeleteket félbevágjuk, és a tekercs aljára osztjuk. A tetejére egy réteg savanyúságot, sertéssültet és sonkát teszünk. Fedjük le a tekercslapokkal.
c) A szendvicseket grillezzük fel. Melegítsünk fel egy nagy öntöttvas serpenyőt közepesen alacsony hőmérsékleten. Tételekben dolgozva, ha szükséges, óvatosan tegye át a szendvicseket a serpenyőbe. Fedjük le alufóliával, és helyezzünk a tetejére egy nagy, nehéz edényt.
d) Főzzük, időnként lenyomva az edényt, 4-5 percig, amíg az alja aranybarna és ropogós nem lesz.
e) Fordítsa meg a szendvicseket, és helyezze vissza az alufóliát és a nehéz edényt.
f) 4-5 percig főzzük, amíg a második oldal aranybarna nem lesz, és a sajt teljesen megolvad . Tegyük át egy vágódeszkára, és vágjuk félbe a szendvicseket ferdén.
g) Tegyük át a tálalóedényekre és tálaljuk.

83.Bicky Burger

ÖSSZETEVŐK:
A BURGER PAGÁZSÁHOZ:
- 1 kiló darált marhahús
- Só és bors ízlés szerint

A BICKY szószhoz:
- ½ csésze majonéz
- 2 evőkanál ketchup
- 1 evőkanál mustár
- 1 evőkanál finomra vágott hagyma
- 1 evőkanál finomra vágott savanyúság
- 1 teáskanál curry por
- 1 teáskanál paprika
- Só és bors ízlés szerint

ÖSSZESZERELÉSÉHEZ:
- Puha hamburger zsemle
- Szeletelt paradicsom
- Szeletelt hagymát
- Savanyúság
- Aprított jégsaláta

UTASÍTÁS:
ELKÉSZÍTSE A BICKY SZÓSZT:
a) Egy tálban keverjük össze a majonézt, a ketchupot, a mustárt, az apróra vágott hagymát, az apróra vágott savanyúságot, a curryport, a paprikát, a sót és a borsot.
b) A fűszerezést ízlés szerint állítsa be. Fedjük le és tegyük hűtőszekrénybe felhasználásig.

Burger pogácsák:
c) Ízesítsük a darált marhahúst sóval és borssal.
d) A marhahúst egyenlő részekre osztjuk, és burgerpogácsákat formázunk belőlük.
e) Süssük a pogácsákat grillen vagy serpenyőben közepesen magas lángon, amíg el nem érik a kívánt készenléti szintet.

ÖSSZEÁLLÍTJA A BICKY BURGERT:
f) A hamburger zsemlét enyhén megpirítjuk.
g) Minden zsemle alsó felét kenjük meg bőséges mennyiségű Bicky szósszal.
h) Helyezzen egy főtt burgerpogácsát a szósz tetejére.
i) Adjunk hozzá egy szelet paradicsomot, néhány karika hagymát, savanyúságot és a felaprított jégsalátát.
j) A tetejére helyezzük a zsemle másik felét.
k) Bicky Burgert azonnal tálaljuk , amíg a pogácsa forró és a feltétek frissek.
l) A teljes élmény érdekében érdemes belga krumpli mellé tálalni.

84.Belga tatár szósz

ÖSSZETEVŐK:
- 1 csésze majonéz
- 2 evőkanál savanyúság, finomra vágva
- 1 evőkanál kapribogyó, apróra vágva
- 1 evőkanál friss petrezselyem, apróra vágva
- 1 teáskanál dijoni mustár
- 1 teáskanál citromlé
- Só és bors ízlés szerint

UTASÍTÁS:
a) Egy tálban keverjük össze az összes hozzávalót, és jól keverjük össze.
b) Ízesítsük ízlés szerint sóval, borssal és citromlével.
c) Tálaljuk tenger gyümölcseivel, vagy sültkrumpli mártogatósként.

85.Sajtburger rakott

ÖSSZETEVŐK:

- 2 csésze Bisquick mix
- ⅔ csésze tej
- 1 kiló darált marhahús
- ½ csésze kockára vágott hagyma
- ½ csésze kockára vágott savanyúság
- 1 csésze reszelt cheddar sajt
- 1 csésze tej
- 3 tojás
- Só és bors ízlés szerint

UTASÍTÁS:

a) Melegítsük elő a sütőt 190 °C-ra, és zsírozzanak ki egy 9x9 hüvelykes tepsit.
b) Egy serpenyőben megpirítjuk a darált marhahúst kockára vágott hagymával. A felesleges zsírt lecsepegtetjük.
c) Egy keverőtálban keverje össze a Bisquick mixet, a tejet, a sót és a borsot, hogy elkészítse a rakott alapot.
d) A kiolajozott tepsibe terítjük a rakott alapot.
e) A megpirított marhahúst és a felkockázott savanyúságot egyenletesen szórjuk az alapra.
f) Egy külön tálban keverjük össze a tejet és a tojást. Öntsük a tejes keveréket a tepsire.
g) A tetejére reszelt cheddar sajtot szórunk.
h) Süssük 25-30 percig, vagy amíg a tepsi megszilárdul, és a sajt megolvad és fel nem pirul.
i) Tálalás előtt hagyja kissé kihűlni a sajtburgert.

86. Pub Cheese Dip

ÖSSZETEVŐK:

- 3 evőkanál durván apróra vágva, pácolt jalapeno paprika
- 1 csésze kemény almabor
- ⅛ teáskanál talaj piros bors
- 2 csészéket felaprítva külön- éles, sárga cheddar sajt sajt
- 2 csészéket felaprítva Colby Sajt
- 2 evőkanál kukoricakeményítő
- 1 evőkanál Dijon mustár
- 60 kekszet

UTASÍTÁS:

a) Ban ben a közepes keverés tál, kombájn cheddar sajt sajt, Colby sajt, és kukoricakeményítő. Hely félre.
b) Ban ben a közepes lábas, kombájn almabor és mustár.
c) szakács amíg forró felett közepesen magas hőség.
d) Lassan legyintés ban ben a sajt keverék, a kis nál nél a idő, amíg sima.
e) Fordulat ki a hőség.
f) Keverjük össze ban ben a jalapeno és piros paprika.
g) Hely a keverék ban ben a 1 liter lassú tűzhely vagy fondü edény.
h) Tart meleg tovább alacsony hőség.
i) Szolgál mellett kekszet.

87.Kapros savanyúság chips

ÖSSZETEVŐK:
- 2 pint Szeletelt kapros savanyúság; ürítetlen
- 1 nagy tojás; enyhén megverve
- 1 evőkanál univerzális liszt
- ½ teáskanál Forró szósz
- 1½ csésze univerzális liszt
- 2½ teáskanál őrölt pirospaprika
- 1 teáskanál fokhagyma por
- ½ teáskanál Só
- Növényi olaj

UTASÍTÁS:
a) Drain savanyúság, fenntartása ⅔ csésze savanyúság levét.
b) Papírtörlő közé nyomjuk a savanyúságot, hogy eltávolítsuk a felesleges nedvességet.
c) Keverjen össze ⅔ csésze savanyúság levét, tojást, 1 evőkanál lisztet és forró szószt; jól összekeverjük és félretesszük.
d) Keverjen össze 1-½ csésze lisztet és a következő 3 összetevőt; jól keverjük össze. Mártsuk a savanyúságokat tojáskeverékbe; lisztkeverékbe forgatjuk.
e) Öntsön olajat 1-½ hüvelyk mélységig, ha serpenyőt használ. A bevont savanyúságokat adagonként, forró olajban (375 F) sütjük 2-3 percig, vagy amíg aranybarnák nem lesznek, egyszer megforgatva. Papírtörlőn lecsepegtetjük.
f) Azonnal tálaljuk.

88. Avokádó, tojás és Ezékiel pirítós

ÖSSZETEVŐK:
- 4 szelet Ezékiel kenyér
- 1 evőkanál olívaolaj
- 4 nagy tojás
- 2 kis érett avokádó, kimagozva és meghámozva
- Kóser só és fekete bors ízlés szerint
- 2 evőkanál citromlé
- Ecetes vöröshagyma

UTASÍTÁS:
a) Egy nagy, tapadásmentes serpenyőben hevítsük fel az olajat közepesen magas lángon.
b) Helyezze a kenyérszeleteket egy tepsire, és mindkét oldalát aranybarnára pirítsa.
c) Melegítse fel az olajat ugyanabban az előkészített serpenyőben közepes-alacsony lángon.
d) Törje fel a tojásokat a serpenyőbe, és főzze 6-8 percig, vagy amíg a fehérje megpuhul, és a sárgája megfőtt ízlése szerint.
e) Közben az avokádót sóval, borssal és citromlével pépesítjük egy sekély tálon.
f) A kenyér összeállításához szórjunk a tetejére egy teáskanál tört avokádót.
g) Egy csipet sóval és frissen őrölt borssal ízesítjük, a tetejére 1 tükörtojást teszünk. Az oldalára ecetes lilahagymával ízesítjük!

89.Karácsonyi ördögtojás

ÖSSZETEVŐK:
- 1 tucat tojás
- ⅓ csésze majonéz
- 1 teáskanál mustár
- 3 evőkanál kapros savanyúság íze
- ¼ csésze apróra vágott friss petrezselyem
- 2 evőkanál apróra vágott friss kapor, plusz még a tálaláshoz
- 1 csepp zöld ételfesték (elhagyható)
- ¼ teáskanál kóser só
- ¼ teáskanál őrölt fekete bors
- ¼ csésze kockára vágott piros kaliforniai paprika

a) Tölts meg egy nagy edényt körülbelül 2 hüvelyk vízzel, és forrald fel nagy lángon. Óvatosan hozzáadjuk a tojást, és 12 percig főzzük.
b) Vágja ki a tojásokat egy lyukas kanállal, és tegye át egy nagy tál jeges vízbe. Hagyja őket 2 percig hűlni. Ezután vegye ki a tojásokat a vízből, a tetejét és az alját finoman ütögesse a pultra, majd tegye vissza a tojásokat a jeges vízbe további 10 percre. Hámozzuk meg a tojásokat.
c) A tojásokat hosszában félbevágjuk, a sárgáját kivesszük.
d) Egy robotgép táljában keverje össze a tojássárgákat, a majonézt, a mustárt, a savanyúság ízét, a petrezselymet, a kaprot, a zöld ételfestéket (ha használ), a sót és a fekete borsot. 1-2 percig dolgozzuk fel, hogy a fűszernövények letörjenek, és jól keverjük össze, szükség szerint kaparjuk le az edény oldalát és alját. Vegye ki a keveréket, és tegye át egy nagy cukrászzacskóba vagy egy cipzáras műanyag zacskóba. Vágja le a táska sarkát ollóval, hogy ½ hüvelyk széles vágást készítsen.
e) Helyezze a zacskó hegyét az egyik tojásfehérje felének üres lyukába. Csővel a tölteléket csak addig, amíg el nem tölti a lyukat. Ezután rajzoljon egy háromszöget a töltelék szélei köré, hogy egy karácsonyfához hasonlítson. Ismételje meg az összes tojásfelével.
f) Szórj meg apróra vágott pirospaprikát a fák tetejére. Az extra íz és látványosság érdekében, ha úgy tetszik, szórjon meg több apróra vágott friss kaporral. Azonnal tálaljuk, vagy légmentesen záródó edényben tároljuk a hűtőszekrényben akár 24 órán keresztül.

90.P otato és nasturtium saláta

ÖSSZETEVŐK:

- 6 db újburgonya, egyenlő méretű
- 1 evőkanál tengeri só
- 3 csésze Nasturtium hajtások, a nagyon gyengéd
- Fiatal levelek és szárak, lazán csomagolva
- ½ csésze apróra vágott kapor savanyúság
- 2 evőkanál ecetes nasturtium bimbó vagy kapribogyó
- 1 gerezd fokhagyma, darálva
- 5 evőkanál extra szűz olívaolaj
- ¼ csésze vörösbor ecet
- Frissen őrölt fekete bors, ízlés szerint
- 2 evőkanál olasz petrezselyem, darálva
- 1 Hand Nasturtium szirmok
- 1 egész Nasturtium virág és levelek, díszítéshez

UTASÍTÁS:

a) Helyezze a burgonyát a serpenyőbe, és fedje le körülbelül 2 hüvelyknyi vízzel, valamint 1 evőkanál tengeri sóval. Fedjük le és forraljuk fel.
b) Fedjük le a serpenyőt, és főzzük erős lassú tűzön körülbelül 20 percig, vagy amíg a burgonya megpuhul.
c) A burgonyát leszűrjük és hagyjuk kihűlni.
d) Amikor már eléggé kihűlt, hámozzuk meg a burgonyát, és vágjuk apró kockákra.
e) Tegye át a burgonyát egy tálba.
f) Vágja fel a nasturtium leveleit és zsenge szárát, és tegye a tálba a kapros savanyúsággal, a nasturcium bimbójával és a fokhagymával együtt.
g) Adjunk hozzá olívaolajat, ecetet, sót és borsot ízlés szerint.
h) Óvatosan összeforgatjuk, ügyelve arra, hogy a burgonya ne törjön össze.
i) Egy régimódi tálra halmozzuk a burgonyasalátát, és szórjuk meg apróra vágott petrezselyemmel a tetejét.
j) A szirmokat csíkokra vágjuk, és a salátára szórjuk. Egész virágokkal és levelekkel díszítjük.

91.Sajtburger krumpli

ÖSSZETEVŐK:

- 1 kiló darált marhahús
- 1 evőkanál olívaolaj
- 1 kis hagyma, apróra vágva
- 2 gerezd fokhagyma, felaprítva
- Só és bors ízlés szerint
- Fagyasztott hasábburgonya
- Reszelt cheddar sajt
- Kockára vágott paradicsom
- Kockára vágott savanyúság
- Kockára vágott vöröshagyma
- Ketchup és mustár (elhagyható)

UTASÍTÁS:

a) A sütőt előmelegítjük, és a fagyasztott hasábburgonyát a csomagoláson található utasítások szerint megsütjük.

b) Egy serpenyőben olívaolajat hevítünk közepes lángon, és hozzáadjuk az apróra vágott hagymát és a felaprított fokhagymát. Addig főzzük, amíg megpuhul.

c) Adjuk hozzá a darált marhahúst a serpenyőbe, és főzzük barnulásig, apró morzsára törjük. Ízlés szerint sózzuk, borsozzuk.

d) Ha megsült a krumpli, tegye át egy sütőben használható edénybe vagy tepsibe.

e) Szórjuk rá a főtt darált marhahúst a krumplira, és szórjuk rá a reszelt cheddar sajtot.

f) Sütőben pár percig pároljuk, amíg a sajt megolvad és megpirul.

g) Kivesszük a sütőből, és a tetejére kockázott paradicsomot, savanyúságot és lilahagymát teszünk.

h) Ízlés szerint ketchuppal és mustárral tálaljuk.

92.Grillezett sonka, sajt és ananász

ÖSSZETEVŐK:
- 7 uncia pulykasonka, durvára vágva vagy szalagokra vágva, ha már vékonyra szeletelve
- 3 evőkanál majonéz vagy szükség szerint
- 4 vastag szelet friss ananász vagy 5 szelet levében konzerv
- 8 szelet teljes kiőrlésű vagy búzabogyós kenyér, vékonyra szeletelve
- Körülbelül 12-15 szelet kenyér-vajas savanyúság
- ½ hagyma, vékonyra szeletelve
- Körülbelül 8 uncia Taleggio sajt (héja levágva) vagy éles Cheddar sajt, szeletelve
- Extra szűz olívaolaj kenyér ecsetelésre

UTASÍTÁS:
a) Egy kis tálban keverjük össze a pulykasonkát a majonézzel. Tedd félre.
b) Az ananászt felkockázzuk vagy durvára vágjuk, és félretesszük egy tálba. Ha frisset használunk, ízlés szerint locsoljuk meg cukorral.
c) Helyezze ki a kenyérszeleteket. 4 - re kenjük meg az ananászt. A másik 4-re először tegyen néhány savanyúságot, majd a pulykasonkás saláta keveréket , majd egy kis hagymát és a Taleggio-t . Óvatosan rákenjük az ananászos kenyérszeleteket, hogy szendvicseket formáljunk, és szorosan összenyomkodjuk. Mindegyik oldalát enyhén megkenjük olívaolajjal.
d) Melegíts fel egy nehéz tapadásmentes serpenyőt vagy paniniprést közepesen magas lángon. Helyezze a szendvicseket a serpenyőbe, pirítsa meg és nyomja meg, amíg az első oldaluk ropogós és aranybarna nem lesz, és a sajt el nem kezd olvadni; majd a spatulával és esetleg egy kis segítséggel a kezedből óvatosan fordítsd meg a szendvicseket, és süsd meg a második oldalukat, nyomkodd meg, amíg megbarnulnak.
e) Amikor a szendvicsek ropogósak és mindkét oldaluk enyhén megpirultak, a sajt pedig elolvadt, kivesszük a serpenyőből, félbevágjuk, és tálaljuk.

93.Grillezett cheddar és kapros savanyúság

ÖSSZETEVŐK:
- 4 szelet jó minőségű fehér kenyér
- 6-8 uncia érett Cheddar sajt, vékonyra szeletelve
- 1-2 édes uborka vagy kóser kapros savanyúság, vékonyra szeletelve

UTASÍTÁS:
a) A brojlert előmelegítjük.
b) Enyhén pirítsuk meg a kenyeret a broiler alatt, majd minden szelet tetejére tegyen egy kis sajtot, savanyúságot és még több sajtot. Süssük addig, amíg a sajt elolvad, és a kenyér szélei ropogósra és barnulnak.
c) Azonnal tálaljuk, és negyedekre vágjuk.

94. Lunchbox pulyka szendvics majonézzel

ÖSSZETEVŐK:
- Szeletelt pulykamell
- Szeletelt kenyér vagy zsemle
- Majonéz
- Kreol mustár
- Szeletelt kapros savanyúság

UTASÍTÁS:
a) A kenyér vagy zsemle egyik oldalát vékonyan megkenjük majonézzel.
b) A másik oldalra vékonyan megkenjük a kreol mustárt.
c) A mustár tetejére szeletelt pulykaréteget rakunk.
d) A pulykára szeletelt kapros savanyúságot tegyünk.
e) Zárja le a szendvicset, és csomagolja be az ebédlődobozba.

Vega burger egy tálban

ÖSSZETEVŐK:
VEGGIE BURGER EGY TÁLBAN
- 4 csésze reszelt saláta
- 1 liter koktélparadicsom félbevágva
- 2 avokádó felkockázva
- 1 csésze fűszeres ecetes hagyma
- ½ csésze cornichon apróra vágva, ha tetszik
- 4 vega burger pogácsa felkockázva vagy morzsolva

VEGÁN BURGER SZÓSZ
- ½ csésze tahini paszta
- 1 gerezd fokhagyma
- 1 evőkanál friss kapor vagy 1 teáskanál szárított
- 2 evőkanál frissen facsart citromlé
- só, bors
- ¼ csésze víz

UTASÍTÁS:
a) A vegán burger szósz elkészítéséhez keverje össze a tahinit, a fokhagymát, a citromlevet, a kaprot, a sót és a borsot.
b) Felverjük annyi vízzel, hogy a szósz önthető állagúra híguljon.
c) Vega burgertálak készítéséhez helyezze a burgerrögzítőket az egyes salátástálakba.
d) Tetejét morzsolt vega burgerpogácsákkal és vegán burger szósszal meglocsoljuk.

95.Retek és uborka Sushi Roll

ÖSSZETEVŐK:

- Nori hínár lapok
- Sushi rizs
- Retek, vékonyra szeletelve
- Uborka, juliened
- Pácolt gyömbér
- Szójaszósz mártáshoz

UTASÍTÁS:

a) nori lapot egy bambusz sushi alátétre.
b) Terítsen egy réteg sushi rizst a norira, hagyjon egy kis szegélyt a tetején.
c) Helyezzen retekszeleteket és uborkát a rizs közepére.
d) A bambusz szőnyeg segítségével szorosan tekerje fel a sushit.
e) Szeleteljük falatnyi darabokra, és pácolt gyömbérrel és szójaszósszal tálaljuk.

96.Hawaii grillezett tonhal hínárral és retekkel

ÖSSZETEVŐK:

- ½ csésze szójaszósz
- 3 evőkanál méz
- 1 evőkanál darált friss gyömbér
- 2 teáskanál darált fokhagyma
- Frissen őrölt fekete bors ízlés szerint.
- 2 tonhal steak
- 2 evőkanál rizsborecet
- 2 evőkanál szójaszósz
- 2 evőkanál citromlé
- ½ teáskanál reszelt citromhéj
- 1 evőkanál darált friss gyömbér
- 1 teáskanál darált fokhagyma
- 2 evőkanál darált mogyoróhagyma
- ¼ teáskanál pirospaprika pehely
- ¼ csésze olívaolaj
- ½ csomag Wonton csomagolás
- Növényi olaj mély sütéshez
- ¼ csésze tengeri moszat
- ½ csésze harapásnyi radicchio levelek
- ½ csésze szeletelt endívia
- ½ csésze bébi spenótlevél
- 2 evőkanál Julienned sárga paprika
- 2 evőkanál Julienned pirospaprika
- Retek csíra
- Pácolt gyömbér
- Arany Kaviár
- Világos szezámmag
- Sötét szezámmag

UTASÍTÁS:

a) Egy tálban keverjük össze az első 5 hozzávalót.
b) Tedd a tonhalszeleteket egy serpenyőbe, és öntsd rá a keveréket, minden oldalról bevonva a tonhalat. Pácold be a halat 15 percig.
c) Ezután tegyük át a pácolt tonhalat egy felforrósított grillre, és grillezzük mindkét oldalát 1-2 percig. Egy tálban keverjük össze a szószhoz való összes hozzávalót.

d) Melegítsük fel a sütőolajat 350 fokra. A wonton-csomagolást julienne csíkokra vágjuk, és aranybarnára sütjük.
e) Papírtörlőn csöpögtessük le őket. Egy tálban dobd össze a hínárt, a radicchio leveleket, a szeletelt endíviát, a bébi spenót leveleket, a sárga borsot és a vörösbort.
f) 2 tálalótányér közepén , és tedd rá a sült wonton csíkokat. Meglocsoljuk a szósszal, rátesszük a tonhalat, és még öntsünk rá mártást.
g) Díszítsük egy kis fürt retekcsírával, ecetes gyömbérrel, tobikóval , világos szezámmaggal, sötét szezámmaggal és arany kaviárral.

97.Menő lazac szerelmes saláta

ÖSSZETEVŐK:
- 1 font Főtt király vagy coho lazac; darabokra törve
- 1 csésze Szeletelt zeller
- ½ csésze Durvára vágott káposzta
- 1¼ csésze majonéz vagy salátaöntet; (1 és félig)
- ½ csésze Édes savanyúság íze
- 1 evőkanál Elkészített torma
- 1 evőkanál Finomra vágott hagymát
- ¼ teáskanál Só
- 1 kötőjel Bors
- Saláta levelek; római levelek, vagy endívia
- Szeletelt retek
- Kapros-ecetes uborka szeletek
- Tekercs vagy keksz

UTASÍTÁS:
a) Egy nagy keverőtálban óvatosan keverje össze a lazacot, a zellert és a káposztát.
b) Egy másik tálban keverjük össze a majonézt vagy a salátaöntetet, a savanyúság ízét, a tormát, a hagymát, a sót és a borsot. Adjuk hozzá a lazacos keverékhez, és forgassuk bevonni. Fedjük le a salátát és hűtsük le a tálalásig (akár 24 óráig).
c) Egy salátástálat kibélelünk zöldekkel. Kanalazzuk bele a lazacos keveréket. A tetejére retekkel és kapros savanyúsággal. Tálaljuk a salátát tekercsekkel vagy kekszekkel.

98. Spam Crostini

ÖSSZETEVŐK:

- 1 (12 uncia) doboz spam, felkockázva
- 1 csésze majonéz
- ½ csésze apróra vágott zöldhagyma
- ¼ csésze kockára vágott savanyúság
- 1 evőkanál dijoni mustár
- 1 evőkanál friss citromlé
- 1 bagett, vékonyra szeletelve
- Olívaolaj, fogmosáshoz
- Só és bors ízlés szerint

UTASÍTÁS:

a) Egy serpenyőben pirítsd meg a felkockázott Spamet, amíg kissé megpirul.
b) Egy tálban összekeverjük a majonézt, az apróra vágott zöldhagymát, a felkockázott savanyúságot, a dijoni mustárt, a friss citromlevet, a sót és a borsot.
c) Adja hozzá a pirított Spamet a majonézes keverékhez, és keverje jól össze.
d) Melegítsd elő a sütőt 175°C-ra (350°F).
e) A bagettszeleteket megkenjük olívaolajjal, és egy tepsibe tesszük.
f) A bagettszeleteket előmelegített sütőben körülbelül 5-7 percig pirítjuk, vagy amíg enyhén aranybarnák és ropogós nem lesznek.
g) Vegyük ki a pirított bagettszeleteket a sütőből, és hagyjuk kicsit kihűlni.
h) Kenje meg a Spam és a majonéz keveréket minden pirított bagett szeletre.
i) Rendezd el a Spam Spread Crostinit egy tálra, és tálald finom előételként a következő összejövetelen vagy rendezvényeden!

99.Zeller saláta

ÖSSZETEVŐK:

- 1 csésze vékonyra vágott zellerszár
- 1 evőkanál darált savanyúság
- 1 evőkanál vegán majonéz
- ¼ csésze fekete olajbogyó
- 1 evőkanál kapribogyó
- Fekete bors ízlés szerint

UTASÍTÁS:

a) Egy keverőtálban keverje össze az összes hozzávalót pasztaszerű állagúra.
b) Egy evőkanálnyi keveréket kanalazunk egy kekszre vagy salátalevélre.
c) Adjunk hozzá egy olívabogyót a kekszhez, vagy tekerd fel a salátalevelet a zellersalátára, és rögzítsük fogpiszkálóval.
d) Tálaláskor tálaljuk.

KÖVETKEZTETÉS

Ahogy a „Főzés erjesztéssel, savanyúsággal és befőttekkel" utolsó oldalai lassan záródnak, reméljük, hogy konyháját immár áthatja a tartósítás esszenciája, és kulináris repertoárja kibővült az erjesztés, savanyúság és pácolások gazdag ízvilágával. ajánlat megőrzése. Ez a szakácskönyv nem csak kézikönyv; az időtlen technikák ünnepe , amelyek a korszakokon át fenntartották és gazdagították a kulináris hagyományokat.

A 100 felejthetetlen étel utolsó falatainak ízlelésekor ne feledje, hogy nemcsak recepteket sajátított el, hanem olyan kulináris filozófiát is magáévá tett, amely nagyra értékeli az ízek megőrzésének művészetét . Konyhája maradjon továbbra is a kreativitás menedékhelye, ahol minden elkészített ételben feltárulnak az erjesztők, savanyúságok és befőttek lehetőségei .

Amíg újra nem találkozunk a következő kulináris felfedezésén, ételeit a tartósítás művészetével együtt járó szeretettel, hagyományokkal és innovációval fűszerezheti . Jó főzést!

www.ingramcontent.com/pod-product-compliance
Lightning Source LLC
Chambersburg PA
CBHW071323110526
44591CB00010B/997